0430
TIME TO PLAN

KB194763

일어나라, 삶이 바뀐다

김유진 지음

TORNADO
토네이도

플래너가 가져온
놀라운 변화

지난 30여 년간 나는 수많은 다이어리와 플래너를 사용해왔다. 10대에는 좋아하는 연예인 사진과 스티커로 도배한 6공 다이어리를 사용했는데, 스케줄을 관리하기보다는 다이어리를 예쁘게 꾸미고 하루를 돌아보는 용도였다.

20대가 돼서야 공부하는 시간과 중요한 일정을 기록하는 용도로 다이어리를 작성했다. 수강 일정이 정해져 있어 시간별로 나눠진 플래너를 사용하는 게 효율적이었지만 그런 일반적인 플래너에는 해야 할 일을 적는 칸(To Do List)이 좁아 주요 시험 날짜와 과제 제출 기한 정도만 기재하곤 했다.

30대가 돼서는 최대한 작성할 공간이 많으면서도 준비물과 메모를 한곳에서 확인할 수 있는 플래너를 사용했다. 사회생활을 하면서 약속이나 처리해야 하는 업무, 기억해야 하는 중요한 일정이 많아졌기 때문이다.

하지만 오랫동안 내 마음에 쏙 드는 플래너를 쉽게 찾을 수 없었다. 지난 몇 년간 사용해온 플래너가 있기는 했지만 해야 할 일만 적을 수 있을 뿐 하루가 어떻게 흘러가는지는 파악하기 힘들었다. 나는 플래너를 통해 나에게 주어진 24시간 중 내가 활용하는 시간과 그러지 못하는 시간이 얼마큼인지, 그 시간 동안 무엇을 할 수 있는지 알아보고 계획을 세우고 싶었다. 단순히 일과를 기록하는 데 그치지 않고 하루를 주도하고 싶었다.

그래서 타임라인 양식을 활용한 나만의 플래너를 만들었다. 24시간을 길게 펼쳐놓고 변동될 가능성이 적은 시간을 고정한 뒤 이동 시간, 퇴근 전후, 식사 시간 등 남는 시간을 그러모아봤다. 그리고 그렇게 찾아낸 여백을 채우기 시작했다. 독서, 공부, 운동, 휴식, 생각, 취미 활동 등 나 자신과의 약속을 만들었다. 새로운 목표가 생기거나 일상이 지루해질 때는 한 번씩 24시간을 재정비했다. 이렇게 나만의 플래너를 사용하며 꾸준히 자기계발을 한 것은 물론 나 자신을 우선순위에 두는 방법까지 자연스럽게 터득했다.

이 플래너는 일상을 기록하는 용도를 넘어 스케줄을 한눈에 파악하고 하루 24시간을 최대한 활용하도록 만들어졌다. 단순히 시간 관리만 하는 게 아니라 공식적인 일과를 마치고 남은 자유 시간과 새벽 기상을 통해 확보한 추가 자유 시간, 이동 시간을 비롯한 자투리 시간에 무엇을 할지 계획을 세우고 하루를 내 마음대로 주도할 수 있다. 새로운 목표와 오늘의 다짐을 기록할 수 있는 공간도 따로 마련했다.

매일 아침 플래너를 보며 오늘은 무엇을 해야 하는지 상기해보자. 저녁에는 플래너에 적은 계획 중 무엇을 달성했는지 확인한 뒤 다음 날 해야 할 일을 적어보자. 이렇게 매일 하루를 돌아보고 목표를 향해 조금씩 달리다 보면 스스로에게 얼마나 큰 잠재력이 있는지 깨달을 것이다. 또한 외부의 자극이 아닌 나 자신에게 집중하는 경험을 통해 긍정적인 에너지가 생산될 것이다. 그리고 그 에너지가 발전을 꾸준히 지속하게 만드는 원동력이 될 것이다. 그저 해야 하는 일들에 지나지 않았던 계획이 어느덧 습관이 되고 그 습관이 삶에 예상치 못한 변화와 기회를 가져오는 기적을 맛보길 바란다.

김유진

차
/
례
/

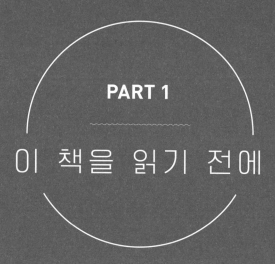

PART 1

이 책을 읽기 전에

CHAPTER 1.
이 책의 사용법

이 플래너를
사용하기 전에

하루 24시간은 모두에게 주어진다. 하지만 이 시간 중 의미 있게 보내는 시간은 얼마나 될까?

평소 일상을 한번 되돌아보자. 먹고사는 문제에 잠겨 자신을 잊은 채 살아가고 있지는 않은가? 어제와 같은 오늘을 살며, 내일도 오늘 같을 것이라는 생각에 삶에 대한 설렘은 사라진 지 오래일지도 모른다. 아침에 일어나 회사나 학교를 다녀오면 아무것도 한 게 없는데 어느덧 저녁이고 피로에 찌들어 잠시 핸드폰이나 텔레비전을 들여다보다 눈꺼풀이 무거워 시계를 보면 11시가 훌쩍 지나버렸기도 한다.

이런 일상이 평범하다고 생각할 수도 있지만 내 시간이 없는 삶, 더 이상 어떤 의지도 열정도 즐거움도 없는 삶이 당연한 것은 아니다. 오늘부터 새로운 하루를 살아보자. 평소보다 일찍 기상해서 나만의 시간을 가져보고, 생각만 해온 일을 저질러보고, 어제 끝내지 못한 일을 끝내버리고, 내일 할 일을 미리 해치워보는 것이다.

시간을 어떻게 값지게 사용할 것인지는 자신에게 달려 있다. 매일 반복되는 일상이 식상하다면, 현재 삶을 재정비하고 싶다면 지금부터 이 플래너와 함께 새로운 하루를 그려보는 건 어떨까? 자신의 삶을 다시 설계해보는 것이다.

STEP 1.
나의 24시간 확인하기

플래너를 작성하기에 앞서 하루 24시간을 어떻게 보내고 있는지, 그중 내가 자유롭게 사용할 수 있는 시간이 얼마나 있는지 살펴보자. 자유롭게 사용할 수 없는 시간은 주로 수면 시간, 수업 또는 근무 시간이 있다.

STEP 1-1. 기상 시간과 취침 시간 확인하기
예) 나의 하루는 오전 4시 30분에 시작되고
오후 10시 00분에 끝난다.

STEP 1-2. 조정할 수 없는 시간 확인하기

예) 내가 조정할 수 없는 시간은 근무 시간이고 이 시간은 오전 8시 00분부터 오후 6시 00분까지다.

자, 이제 24시간 중 STEP 1-1과 1-2에서 확인한 스케줄을 제외해보자. 그러면 하루에 내가 자유롭게 사용할 수 있는 시간이 얼마나 되는지 파악할 수 있다.

여기까지 잘 따라왔다면 이제 내가 자유롭게 사용할 수 있는 시간의 속성을 구분해야 한다. 나는 이 시간을 세 가지로 구분하는데, '자유 시간'과 '추가 자유 시간', '자투리 시간'이 바로 그것이다. 자유 시간은 말 그대로 모든 일과를 마치고 잠들기 전까지의 시간, 추가 자유 시간은 일과를 본격적으로 시작하기 전 새벽 기상을 통해 얻은 시간, 자투리 시간은 출퇴근 시간을 비롯한 이동 시간, 점심시간 등 잠깐 짬이 나는 시간을 의미한다.

STEP 1-3. 자유 시간과 추가 자유 시간 확인하기

예) 나의 자유 시간은

오후 6시 00분부터 오후 10시 00분까지고

추가 자유 시간은

오전 4시 30분부터 오전 8시 00분까지다.

STEP 1-4. 자투리 시간 확인하기

예) 나의 자투리 시간 중

이동 시간은 총 3시간 00분이고

식사 시간은 총 2시간 00분이다.

이제 플래너의 24칸으로 나뉜 타임라인 표에 이 시간들을 표시해보자. 이 단계를 모두 거치면 내가 하루를 어떻게 사용하고 있는지 한눈에 파악할 수 있다.

이렇게 표로 표시해보면, 나의 자유 시간은 오후 6시부터 오후 10시까지 총 4시간이고 추가 자유 시간은 오전 4시 30분부터 오전 8시까지 총 3시간 30분이다. 그 시간 중 이동 시간인 1시간 30분을 각각 제외하면 자유 시간은 2시간 30분, 추가 자유 시간은 2시간이다. 즉, 자유롭게 사용할 수 있는 시간을 4시간 30분이나 확보한 것이다. 또한 이동 시간 3시간과 점심시간 2시간을 포함한 5시간의 자투리 시간 역시 효율적으로 사용하면 알찬 하루를 만들 수 있다. 자, 이제 모든 단계를 직접 따라해보자.

예)

주어진 시간	4	5	6	7	8	9	10	11	12	1	2	3	4	5	6	7	8	9	10	11	12	1	2	3
활동 시간	추가 자유 시간			이동 시간		오전 근무				점심 시간		오후 근무				이동 시간		자유 시간		수면 시간				

• LET'S TRY! •

STEP 1-1. 기상 시간과 취침 시간 확인하기

나의 하루는 ___시 ___분에 시작되고

___시 ___분에 끝난다.

STEP 1-2. 조정할 수 없는 시간 확인하기

내가 조정할 수 없는 시간은 ___ 시간이고

이 시간은 ___시 ___분부터 ___시 ___분까지다.

STEP 1-3. 자유 시간과 추가 자유 시간 확인하기

나의 자유 시간은

___시 ___분부터 ___시 ___분까지고

추가 자유 시간은

___시 ___분부터 ___시 ___분까지다.

STEP 1-4. 자투리 시간 확인하기

나의 자투리 시간 중

이동 시간은 총 ___ 시간 ___ 분이고

식사 시간은 총 ___ 시간 ___ 분이다.

STEP 2.
시간을 어떻게 쓸지 생각해보기

하루를 마무리하기 전의 자유 시간, 하루를 시작
하기 전의 추가 자유 시간 그리고 짧지만 틈틈이 주

어지는 자투리 시간에는 무엇을 하면 좋을까? 이때 할 일을 리스트로 작성해보면 더욱 효율적으로 시간을 사용할 수 있다.

STEP 2-1. 자유 시간에 할 일 생각해보기

자유 시간은 모든 일정을 끝내고 나서부터 잠자리에 들기 전까지의 시간을 의미한다. 하지만 이동 시간과 식사 시간을 제외하면 저녁에 지친 몸으로 할 수 있는 일은 생각보다 많지 않다.

우선 지난 몇 주간 모든 일정을 끝내고 집으로 돌아와서 한 일을 생각해보자. 피곤하다는 이유로 외투도 벗지 않고 소파에 누워 핸드폰을 보지는 않았는가? 만약 그랬다면 앞으로 자유 시간에 어떤 새로운 변화를 줄 것인지 적어보자. 스스로 언제 잠들었는지도 모른 채 얼렁뚱땅 하루를 끝내버리지 말고 하루를 보내느라 수고한 나를 위해 휴식을 선사하는 것이다. 거창한 일을 하지 않아도 괜찮다. 편한 옷으로 갈아입고 여유롭게 피부 관리를 하거나 좋아하는 향초를 켜보는 것이면 충분하다. 그렇게 어느 정도 푹 쉰 뒤 내일 할 일을 미리 계획하고 잠자리를 정돈해보자.

• LET'S TRY! •

지난 몇 주간 모든 일정을 끝내고 집에 와서 한 일을 생각해보자. 그리고 앞으로 그 시간에 어떤 변화를 줄 수 있을지 적어보자.

STEP 2-2. 추가 자유 시간에 할 일 생각해보기

추가 자유 시간, 즉 아침에 일어나서부터 첫 일정이 시작되기 전까지의 시간은 일찍 기상하면 기상할수록 길어진다. 이것이 바로 우리가 새벽 기상을 실천해야 하는 가장 핵심적인 이유다. 저녁에는 아무리 완벽한 계획을 세웠어도 나의 의지와 상관없이 일정이 흐트러질 수 있지만 모두가 잠든 추가 자유 시간에는 그럴 확률이 적다. 따라서 이 시간이 길수록 더욱 효과적으로 하루를 주도하고 목표에 다가설 수 있다.

물론 새벽 기상은 말처럼 쉽지 않다. 수년간 새벽 기상을 실천해온 나도 아침에는 늘 더 자고 싶고 멍한 기분이 든다. 자연스러운 현상이다. 그러니 새벽 기상을 이제 막 시도하는 초보자라면 무리하지 말고 평소 기상 시간보다 30분에서 1시간 정도 일찍 일어나보자. 어느 정도 그 기상 시간에 익숙해지면 조금씩 시간을 앞당겨보자. 적응이 되면 평소보다 2시간까지도 일찍 일어날 수 있을 것이다.

새벽 기상이 습관이 된다는 것은 아침에 피로를 느끼지 않고 눈을 뜨는 것이 아니라 알람이 울렸을 때 피곤하더라도 자리에서 일어나야 한다고 생각하는 상태를 말한다. 새벽 기상을 통해 나만의 생활 습관을 만들면 지금까지와는 다른 기회가 인생에 자연스럽게 찾아오고 미래가 달라진다. 이러한 변화를 누리지 못하는 이유가 단순히 '피곤해서'가 돼서는 안 된다. 고요한 새벽에 나의 내면과 대화를 나누며 평소 생활을 돌아보고 미래를 설계해나가자.

추가 자유 시간은 발전하기 제일 좋은 시간이다. 이 시간에 할 수 있는 일이 무엇이고 어떤 일을 하고 싶은지 적어보자.

STEP 2-3. 자투리 시간에 할 일 생각해보기

나는 틈틈이 생기는 자유 시간, 즉 이동 시간, 다음 일정을 위한 대기 시간, 점심 식사 후 남는 시간 등 짧지만 자유롭게 쓸 수 있는 시간을 자투리 시간이라 표현한다. 이 시간들만 잘 활용해도 평소보다 더 많은 일을 끝낼 수 있다.

우리는 아주 짧은 여유 시간에는 뭘 해야 한다고 생각하지 못하고 멍하니 그 시간을 흘려보내는 경향이 있다. 하지만 이 시간에 늑장 부리다 미처 마무리하지 못한 일을 끝낼 수도 있고 평소 좋아하는 텔레비전 프로그램이나 영화를 시청할 수도 있다. 심지어 이런 자투리 시간도 모아보면 의외로 길다. 그러니 이제부터 이 시간을 적극 활용해보자. 이때 '우체국 가기', '은행에 전화하기' 등 할 일을 플래너에 적어놓으면 자투리 시간을 더 효율적으로 관리할 수 있다.

하루 중 자투리 시간이 얼마나 있는지 파악해보자. 그리고 그 시간동안 할 수 있는 간단한 일을 생각해보자.

CHAPTER 2.
데일리 플래너 샘플

기상 시간은 아침에 일어나서, 취침 시간은
플래너를 다 작성하고 하루를 마무리하기 전에 적는다.

하루 중 이동 시간, 대기 시간 등의
자투리 시간이 얼마나 되는지 계산해보고
그동안 무엇을 할지 작성한다.

오늘은 어떤 하루를 보내고 싶은지
잠시 생각해본 뒤 다짐을 작성한다.
마음에 와닿는 명언을 적어도 좋다.

24시간을 한눈에 확인하고 자유 시간과
추가 자유 시간 등 내가 주도할 수 있는
시간을 표시해보자.

꼭 챙겨야 할 준비물이나
기념일, 지인의 생일 등
중요한 이벤트를 작성한다.

각각의 시간에 해야 할 일을 채워 넣는다.

하루를 마무리하기 전 오늘의 감상을 적는다. 달성한 목표에 관한
피드백, 일일 지출, 스스로 칭찬할 만한 일 또는 반성,
나 자신과의 약속 등을 자유롭게 작성한다.

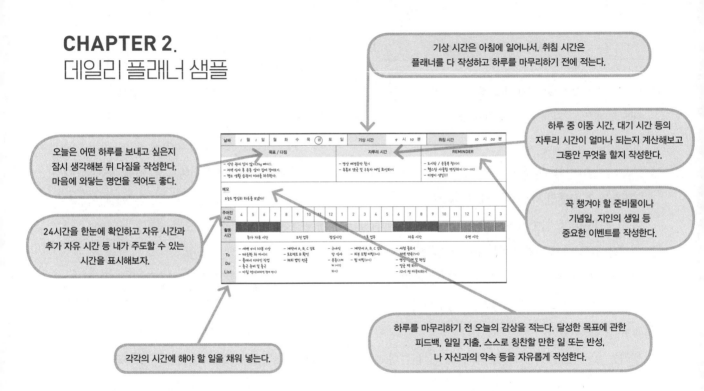

유의사항

• 플래너에서 다음 날의 시간 배분과 해야 할 일, 기억해야 하는 정보(To Do List, 자투리 시간, REMINDER), 목표 / 다짐은 전날 밤에 작성한다. 그리고 아침에 일어나 오늘 어떤 일을 해야 하는지 점검한다. 즉, 플래너는 최소 아침에 한 번, 저녁에 한 번 확인한다.

• 다음 날 계획을 세우기 전, 그날의 목표를 얼마나 달성했는지 확인하고 감상이나 평가를 메모에 적는다. 이때 달성한 과제에 줄을 긋거나 체크 표시를 하면 좋다.

• 일어나기, 차 마시기, 점심 먹기 등 사소하고 당연한 일도 모두 적는다. 그래야 저녁에 하루를 돌아볼 때 나와의 약속을 많이 지켰다는 사실을 깨닫고 자신감을 얻을 수 있다.

• 특별히 플래너에 쓸 만한 계획이 없다면 나와의 약속을 만들어 채워 넣는다. 좋아하는 음식 먹기, 노래 듣기 등 기분 좋은 하루를 만들 수 있는 일도 괜찮고 사진 촬영, 운동하기 등 평소 도전해보고 싶었던 취미 생활을 쓰는 것도 좋다. 플래너에 써 있는 목표를 달성하기 위해 주도적으로 움직이게 될 것이다.

• 최대한 솔직하게 작성한다. 그날 나와의 약속을

지키지 못한 점을 인정하고 반성하자.

- 시간에 얽매이지 말자. '몇 시에 무엇을 해야 한다'는 압박이 들면 쉽게 지쳐서 꾸준히 발전할 수 없다. 자유 시간, 추가 자유 시간 등 어떤 시간 내로 하기로 마음먹은 일을 그 안에 달성하기만 하면 된다.

- 나만의 라이프스타일을 만들자. 지나치게 무리하지 않고 오래 지속할 수 있는 나만의 시차를 만들어야 한다.

- 이 플래너에 적힌 일정은 단순한 스케줄이 아니다. 나와의 약속이다.

PART 2

04:30 TIME TO PLAN

CHAPTER 3.
올해의 타임라인

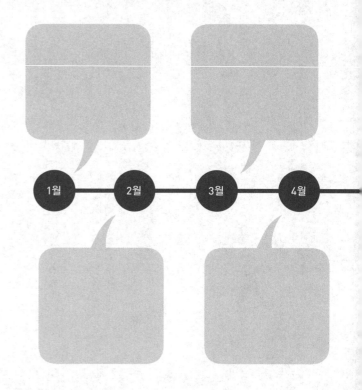

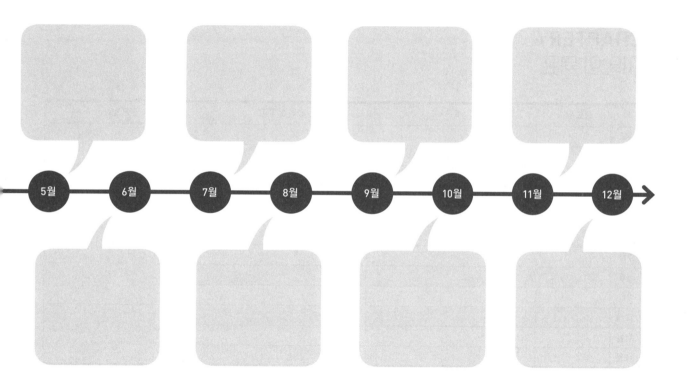

5월 6월 7월 8월 9월 10월 11월 12월

CHAPTER 4.
이달의 목표

월	중요 날짜	목표	결과 및 후기	진행 현황
1월				
2월				
3월				
4월				
5월				
6월				
7월				
8월				
9월				
10월				
11월				
12월				

아무것도 하지 않고 조용히 머릿속을 정리했던 새벽은
지친 나를 위로하는 시간이 돼줬다.
스스로 무슨 생각을 하고
무엇을 원하고 있는지도 잘 몰랐던 나에게
잠시 멈춰서 삶을 가다듬을 기회가 생긴 것이다.
떠오르는 아침 해를 바라보며 이렇게 속으로 외쳤다.

'그래, 오늘도 파이팅이다!'

_《나의 하루는 4시 30분에 시작된다》

날짜	월 일	월 화 수 목 금 토 일	기상 시간	시 분	취침 시간	시 분

목표 / 다짐	자투리 시간	REMINDER

메모

주어진 시간	4	5	6	7	8	9	10	11	12	1	2	3	4	5	6	7	8	9	10	11	12	1	2	3
활동 시간																								

To Do List

날짜	월	일	월	화	수	목	금	토	일	기상 시간	시	분	취침 시간	시	분

목표 / 다짐	자투리 시간	REMINDER

메모

주어진 시간	4	5	6	7	8	9	10	11	12	1	2	3	4	5	6	7	8	9	10	11	12	1	2	3
활동 시간																								

To Do List

날짜		월 일	월 화 수 목 금 토 일		기상 시간		시 분	취침 시간		시 분

목표 / 다짐	자투리 시간	REMINDER

메모

주어진 시간	4	5	6	7	8	9	10	11	12	1	2	3	4	5	6	7	8	9	10	11	12	1	2	3
활동 시간																								

To
Do
List

날짜		월	일	월	화	수	목	금	토	일		기상 시간			시		분	취침 시간				시		분

목표 / 다짐	자투리 시간	REMINDER

메모

주어진 시간	4	5	6	7	8	9	10	11	12	1	2	3	4	5	6	7	8	9	10	11	12	1	2	3
활동 시간																								

To Do List

날짜	월	일	월	화	수	목	금	토	일	기상 시간		시	분	취침 시간		시	분

목표 / 다짐	자투리 시간	REMINDER

메모

주어진 시간	4	5	6	7	8	9	10	11	12	1	2	3	4	5	6	7	8	9	10	11	12	1	2	3
활동 시간																								

To Do List	

날짜		월	일	월	화	수	목	금	토	일	기상 시간			시	분		취침 시간		시	분

목표 / 다짐	자투리 시간	REMINDER

메모

주어진 시간	4	5	6	7	8	9	10	11	12	1	2	3	4	5	6	7	8	9	10	11	12	1	2	3
활동 시간																								

To Do List

날짜	월 일	월 화 수 목 금 토 일	기상 시간	시 분	취침 시간	시 분

목표 / 다짐	자투리 시간	REMINDER

메모

주어진 시간	4	5	6	7	8	9	10	11	12	1	2	3	4	5	6	7	8	9	10	11	12	1	2	3
활동 시간																								

To
Do
List

날짜		월	일	월	화	수	목	금	토	일	기상 시간		시	분	취침 시간		시	분

목표 / 다짐	자투리 시간	REMINDER

메모

주어진 시간	4	5	6	7	8	9	10	11	12	1	2	3	4	5	6	7	8	9	10	11	12	1	2	3
활동 시간																								

To Do List

날짜		월		일	월	화	수	목	금	토	일	기상 시간			시	분	취침 시간		시	분

목표 / 다짐	자투리 시간	REMINDER

메모

주어진 시간	4	5	6	7	8	9	10	11	12	1	2	3	4	5	6	7	8	9	10	11	12	1	2	3
활동 시간																								

To Do List

날짜	월 일	월 화 수 목 금 토 일	기상 시간	시 분	취침 시간	시 분

목표 / 다짐	자투리 시간	REMINDER

메모

주어진 시간	4	5	6	7	8	9	10	11	12	1	2	3	4	5	6	7	8	9	10	11	12	1	2	3
활동 시간																								

To Do List

날짜		월		일	월	화	수	목	금	토	일	기상 시간			시	분	취침 시간			시	분

목표 / 다짐	자투리 시간	REMINDER

메모

주어진 시간	4	5	6	7	8	9	10	11	12	1	2	3	4	5	6	7	8	9	10	11	12	1	2	3
활동 시간																								

To Do List

날짜	월	일	월	화	수	목	금	토	일	기상 시간		시	분	취침 시간		시	분

목표 / 다짐	자투리 시간	REMINDER

메모

주어진 시간	4	5	6	7	8	9	10	11	12	1	2	3	4	5	6	7	8	9	10	11	12	1	2	3
활동 시간																								

To Do List

날짜	월	일	월	화	수	목	금	토	일	기상 시간		시	분	취침 시간		시	분

목표 / 다짐	자투리 시간	REMINDER

메모

주어진 시간	4	5	6	7	8	9	10	11	12	1	2	3	4	5	6	7	8	9	10	11	12	1	2	3
활동 시간																								

To Do List

날짜	월	일	월	화	수	목	금	토	일	기상 시간		시	분	취침 시간		시	분

목표 / 다짐	자투리 시간	REMINDER

메모

주어진 시간	4	5	6	7	8	9	10	11	12	1	2	3	4	5	6	7	8	9	10	11	12	1	2	3
활동 시간																								

To Do List

날짜		월		일	월	화	수	목	금	토	일	기상 시간			시	분	취침 시간			시	분

목표 / 다짐	자투리 시간	REMINDER

메모

주어진 시간	4	5	6	7	8	9	10	11	12	1	2	3	4	5	6	7	8	9	10	11	12	1	2	3
활동 시간																								

To Do List

날짜	월	일	월	화	수	목	금	토	일	기상 시간		시	분	취침 시간		시	분

목표 / 다짐	자투리 시간	REMINDER

메모

주어진 시간	4	5	6	7	8	9	10	11	12	1	2	3	4	5	6	7	8	9	10	11	12	1	2	3
활동 시간																								

To Do List

| 날짜 | | 월 | | 일 | 월 | 화 | 수 | 목 | 금 | 토 | 일 | 기상 시간 | | | 시 | | 분 | | 취침 시간 | | | 시 | | 분 |

목표 / 다짐	자투리 시간	REMINDER

메모

주어진 시간	4	5	6	7	8	9	10	11	12	1	2	3	4	5	6	7	8	9	10	11	12	1	2	3
활동 시간																								

To Do List

날짜	월	일	월	화	수	목	금	토	일	기상 시간		시	분	취침 시간		시	분

목표 / 다짐	자투리 시간	REMINDER

메모

주어진 시간	4	5	6	7	8	9	10	11	12	1	2	3	4	5	6	7	8	9	10	11	12	1	2	3
활동 시간																								

To Do List

날짜	월	일	월	화	수	목	금	토	일	기상 시간		시	분	취침 시간		시	분

목표 / 다짐	자투리 시간	REMINDER

메모

주어진 시간	4	5	6	7	8	9	10	11	12	1	2	3	4	5	6	7	8	9	10	11	12	1	2	3
활동 시간																								

To Do List	

날짜	월 일	월 화 수 목 금 토 일	기상 시간	시 분	취침 시간	시 분

목표 / 다짐	자투리 시간	REMINDER

메모

주어진 시간	4	5	6	7	8	9	10	11	12	1	2	3	4	5	6	7	8	9	10	11	12	1	2	3
활동 시간																								

To Do List

날짜	월	일	월	화	수	목	금	토	일	기상 시간		시	분	취침 시간		시	분

목표 / 다짐	자투리 시간	REMINDER

메모

주어진 시간	4	5	6	7	8	9	10	11	12	1	2	3	4	5	6	7	8	9	10	11	12	1	2	3
활동 시간																								

To Do List

날짜	월	일	월 화 수 목 금 토 일	기상 시간	시 분	취침 시간	시 분

목표 / 다짐	자투리 시간	REMINDER

메모

주어진 시간	4	5	6	7	8	9	10	11	12	1	2	3	4	5	6	7	8	9	10	11	12	1	2	3
활동 시간																								

To Do List

| 날짜 | 월 | 일 | 월 | 화 | 수 | 목 | 금 | 토 | 일 | 기상 시간 | | 시 | 분 | 취침 시간 | | 시 | 분 |

목표 / 다짐	자투리 시간	REMINDER

메모

주어진 시간	4	5	6	7	8	9	10	11	12	1	2	3	4	5	6	7	8	9	10	11	12	1	2	3
활동 시간																								

To
Do
List

날짜	월 일	월 화 수 목 금 토 일	기상 시간	시 분	취침 시간	시 분

목표 / 다짐	자투리 시간	REMINDER

메모

주어진 시간	4	5	6	7	8	9	10	11	12	1	2	3	4	5	6	7	8	9	10	11	12	1	2	3
활동 시간																								

To Do List

날짜	월 일	월 화 수 목 금 토 일	기상 시간	시 분	취침 시간	시 분

목표 / 다짐	자투리 시간	REMINDER

메모

주어진 시간	4	5	6	7	8	9	10	11	12	1	2	3	4	5	6	7	8	9	10	11	12	1	2	3
활동 시간																								

To Do List

날짜	월	일	월	화	수	목	금	토	일	기상 시간		시	분	취침 시간		시	분

목표 / 다짐	자투리 시간	REMINDER

메모

주어진 시간	4	5	6	7	8	9	10	11	12	1	2	3	4	5	6	7	8	9	10	11	12	1	2	3
활동 시간																								

To Do List

| 날짜 | | 월 | | 일 | 월 | 화 | 수 | 목 | 금 | 토 | 일 | 기상 시간 | | 시 | 분 | 취침 시간 | | 시 | 분 |

목표 / 다짐	자투리 시간	REMINDER

메모

주어진 시간	4	5	6	7	8	9	10	11	12	1	2	3	4	5	6	7	8	9	10	11	12	1	2	3
활동 시간																								

To
Do
List

날짜	월 일	월 화 수 목 금 토 일	기상 시간	시 분	취침 시간	시 분

목표 / 다짐	자투리 시간	REMINDER

메모

주어진 시간	4	5	6	7	8	9	10	11	12	1	2	3	4	5	6	7	8	9	10	11	12	1	2	3
활동 시간																								

To Do List

날짜	월	일	월	화	수	목	금	토	일	기상 시간		시	분	취침 시간		시	분

목표 / 다짐	자투리 시간	REMINDER

메모

주어진 시간	4	5	6	7	8	9	10	11	12	1	2	3	4	5	6	7	8	9	10	11	12	1	2	3
활동 시간																								

To Do List

날짜		월	일	월	화	수	목	금	토	일	기상 시간			시		분	취침 시간			시		분

목표 / 다짐	자투리 시간	REMINDER

메모

주어진 시간	4	5	6	7	8	9	10	11	12	1	2	3	4	5	6	7	8	9	10	11	12	1	2	3
활동 시간																								

To Do List

날짜	월	일	월 화 수 목 금 토 일	기상 시간	시 분	취침 시간	시 분

목표 / 다짐	자투리 시간	REMINDER

메모

주어진 시간	4	5	6	7	8	9	10	11	12	1	2	3	4	5	6	7	8	9	10	11	12	1	2	3
활동 시간																								

To Do List

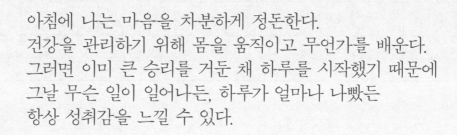

아침에 나는 마음을 차분하게 정돈한다.
건강을 관리하기 위해 몸을 움직이고 무언가를 배운다.
그러면 이미 큰 승리를 거둔 채 하루를 시작했기 때문에
그날 무슨 일이 일어나든, 하루가 얼마나 나빴든
항상 성취감을 느낄 수 있다.

_잭 도시Jack Dorsey, 트위터Twitter CEO

날짜		월		일	월	화	수	목	금	토	일	기상 시간			시	분	취침 시간			시	분

목표 / 다짐	자투리 시간	REMINDER

메모

주어진 시간	4	5	6	7	8	9	10	11	12	1	2	3	4	5	6	7	8	9	10	11	12	1	2	3
활동 시간																								

To Do List

날짜	월	일	월	화	수	목	금	토	일	기상 시간		시	분	취침 시간		시	분

목표 / 다짐	자투리 시간	REMINDER

메모

주어진 시간	4	5	6	7	8	9	10	11	12	1	2	3	4	5	6	7	8	9	10	11	12	1	2	3
활동 시간																								

To Do List

날짜	월	일	월	화	수	목	금	토	일	기상 시간	시	분	취침 시간	시	분

목표 / 다짐	자투리 시간	REMINDER

메모

주어진 시간	4	5	6	7	8	9	10	11	12	1	2	3	4	5	6	7	8	9	10	11	12	1	2	3
활동 시간																								

To Do List

날짜		월		일		월	화	수	목	금	토	일	기상 시간			시	분	취침 시간			시	분

목표 / 다짐	자투리 시간	REMINDER

메모

주어진 시간	4	5	6	7	8	9	10	11	12	1	2	3	4	5	6	7	8	9	10	11	12	1	2	3
활동 시간																								

To Do List

날짜	월	일	월	화	수	목	금	토	일	기상 시간		시	분	취침 시간		시	분

목표 / 다짐	자투리 시간	REMINDER

메모

주어진 시간	4	5	6	7	8	9	10	11	12	1	2	3	4	5	6	7	8	9	10	11	12	1	2	3
활동 시간																								

To Do List

날짜	월 일	월 화 수 목 금 토 일	기상 시간	시 분	취침 시간	시 분

목표 / 다짐	자투리 시간	REMINDER

메모

주어진 시간	4	5	6	7	8	9	10	11	12	1	2	3	4	5	6	7	8	9	10	11	12	1	2	3
활동 시간																								

To

Do

List

날짜	월	일	월	화	수	목	금	토	일	기상 시간	시	분	취침 시간	시	분

목표 / 다짐	자투리 시간	REMINDER

메모

주어진 시간	4	5	6	7	8	9	10	11	12	1	2	3	4	5	6	7	8	9	10	11	12	1	2	3
활동 시간																								

To Do List

날짜	월	일	월	화	수	목	금	토	일	기상 시간		시	분	취침 시간		시	분

목표 / 다짐	자투리 시간	REMINDER

메모

주어진 시간	4	5	6	7	8	9	10	11	12	1	2	3	4	5	6	7	8	9	10	11	12	1	2	3
활동 시간																								

To Do List

날짜		월	일	월	화	수	목	금	토	일	기상 시간		시	분	취침 시간		시	분

목표 / 다짐	자투리 시간	REMINDER

메모

주어진 시간	4	5	6	7	8	9	10	11	12	1	2	3	4	5	6	7	8	9	10	11	12	1	2	3
활동 시간																								

To

Do

List

날짜	월	일	월	화	수	목	금	토	일	기상 시간		시	분	취침 시간		시	분

목표 / 다짐	자투리 시간	REMINDER

메모

주어진 시간	4	5	6	7	8	9	10	11	12	1	2	3	4	5	6	7	8	9	10	11	12	1	2	3
활동 시간																								

To

Do

List

날짜	월	일	월	화	수	목	금	토	일	기상 시간	시 분	취침 시간	시 분

목표 / 다짐	자투리 시간	REMINDER

메모

주어진 시간	4	5	6	7	8	9	10	11	12	1	2	3	4	5	6	7	8	9	10	11	12	1	2	3
활동 시간																								

To Do List

날짜	월	일	월	화	수	목	금	토	일	기상 시간	시	분	취침 시간	시	분

목표 / 다짐	자투리 시간	REMINDER

메모

주어진 시간	4	5	6	7	8	9	10	11	12	1	2	3	4	5	6	7	8	9	10	11	12	1	2	3
활동 시간																								

To Do List

날짜	월	일	월 화 수 목 금 토 일	기상 시간	시 분	취침 시간	시 분

목표 / 다짐	자투리 시간	REMINDER

메모

주어진 시간	4	5	6	7	8	9	10	11	12	1	2	3	4	5	6	7	8	9	10	11	12	1	2	3
활동 시간																								

To Do List

날짜	월 일	월 화 수 목 금 토 일	기상 시간	시 분	취침 시간	시 분

목표 / 다짐	자투리 시간	REMINDER

메모

주어진 시간	4	5	6	7	8	9	10	11	12	1	2	3	4	5	6	7	8	9	10	11	12	1	2	3
활동 시간																								

To Do List

날짜	월	일	월 화 수 목 금 토 일	기상 시간	시 분	취침 시간	시 분

목표 / 다짐	자투리 시간	REMINDER

메모

주어진 시간	4	5	6	7	8	9	10	11	12	1	2	3	4	5	6	7	8	9	10	11	12	1	2	3
활동 시간																								

To Do List

날짜		월	일	월	화	수	목	금	토	일	기상 시간			시		분	취침 시간			시		분

목표 / 다짐	자투리 시간	REMINDER

메모

주어진 시간	4	5	6	7	8	9	10	11	12	1	2	3	4	5	6	7	8	9	10	11	12	1	2	3
활동 시간																								

To

Do

List

날짜	월 일	월 화 수 목 금 토 일	기상 시간	시 분	취침 시간	시 분

목표 / 다짐	자투리 시간	REMINDER

메모

주어진 시간	4	5	6	7	8	9	10	11	12	1	2	3	4	5	6	7	8	9	10	11	12	1	2	3
활동 시간																								

To Do List

날짜	월 일	월 화 수 목 금 토 일	기상 시간	시 분	취침 시간	시 분

목표 / 다짐	자투리 시간	REMINDER

메모

주어진 시간	4	5	6	7	8	9	10	11	12	1	2	3	4	5	6	7	8	9	10	11	12	1	2	3
활동 시간																								

To

Do

List

| 날짜 | | 월 | | 일 | 월 | 화 | 수 | 목 | 금 | 토 | 일 | 기상 시간 | | | | 시 | 분 | 취침 시간 | | | 시 | 분 |

목표 / 다짐	자투리 시간	REMINDER

메모

주어진 시간	4	5	6	7	8	9	10	11	12	1	2	3	4	5	6	7	8	9	10	11	12	1	2	3
활동 시간																								

To Do List

날짜	월	일	월	화	수	목	금	토	일	기상 시간		시	분	취침 시간		시	분

목표 / 다짐	자투리 시간	REMINDER

메모

주어진 시간	4	5	6	7	8	9	10	11	12	1	2	3	4	5	6	7	8	9	10	11	12	1	2	3
활동 시간																								

To Do List

날짜		월		일		월	화	수	목	금	토	일	기상 시간		시	분	취침 시간		시	분

목표 / 다짐	자투리 시간	REMINDER

메모

주어진 시간	4	5	6	7	8	9	10	11	12	1	2	3	4	5	6	7	8	9	10	11	12	1	2	3
활동 시간																								

To Do List

날짜	월	일	월	화	수	목	금	토	일	기상 시간		시	분	취침 시간		시	분

목표 / 다짐	자투리 시간	REMINDER

메모

주어진 시간	4	5	6	7	8	9	10	11	12	1	2	3	4	5	6	7	8	9	10	11	12	1	2	3
활동 시간																								

To Do List

날짜	월	일	월	화	수	목	금	토	일	기상 시간		시	분	취침 시간		시	분

목표 / 다짐	자투리 시간	REMINDER

메모

주어진 시간	4	5	6	7	8	9	10	11	12	1	2	3	4	5	6	7	8	9	10	11	12	1	2	3
활동 시간																								

To Do List

날짜	월	일	월	화	수	목	금	토	일	기상 시간	시	분	취침 시간	시	분

목표 / 다짐	자투리 시간	REMINDER

메모

주어진 시간	4	5	6	7	8	9	10	11	12	1	2	3	4	5	6	7	8	9	10	11	12	1	2	3
활동 시간																								

To Do List

| 날짜 | 월 | 일 | 월 | 화 | 수 | 목 | 금 | 토 | 일 | 기상 시간 | | 시 | 분 | 취침 시간 | | 시 | 분 |

목표 / 다짐	자투리 시간	REMINDER

메모

주어진 시간	4	5	6	7	8	9	10	11	12	1	2	3	4	5	6	7	8	9	10	11	12	1	2	3
활동 시간																								

To Do List

날짜	월	일	월	화	수	목	금	토	일	기상 시간		시	분	취침 시간		시	분

목표 / 다짐	자투리 시간	REMINDER

메모

주어진 시간	4	5	6	7	8	9	10	11	12	1	2	3	4	5	6	7	8	9	10	11	12	1	2	3
활동 시간																								

To Do List

날짜		월	일	월	화	수	목	금	토	일	기상 시간			시	분	취침 시간			시	분

목표 / 다짐	자투리 시간	REMINDER

메모

주어진 시간	4	5	6	7	8	9	10	11	12	1	2	3	4	5	6	7	8	9	10	11	12	1	2	3
활동 시간																								

To Do List	

날짜	월	일	월 화 수 목 금 토 일	기상 시간	시 분	취침 시간	시 분

목표 / 다짐	자투리 시간	REMINDER

메모

주어진 시간	4	5	6	7	8	9	10	11	12	1	2	3	4	5	6	7	8	9	10	11	12	1	2	3
활동 시간																								

To Do List

새벽에는 생각보다 많은 일이 일어난다.
내가 세상모르고 잠들어 있을 동안
어떤 사람은 내가 원하는 목표를 이루기 위해 치열하게 공부하고,
어떤 사람은 내가 원하는 위치에 이미 도달한 채
또 다른 목표를 향해 달려가고 있다.
이들에게 새벽은 수면 시간이 아닌 활동 시간이다.

피곤하다고 계속 침대에 누워 있으면 달라질 수도, 멀리 갈 수도 없다.
반면 무거운 몸을 일으켜 새로운 일에 도전한다면
상상 이상의 기회가 찾아올 것이다.

_《나의 하루는 4시 30분에 시작된다》

날짜	월	일	월	화	수	목	금	토	일	기상 시간		시	분	취침 시간		시	분

목표 / 다짐	자투리 시간	REMINDER

메모

주어진 시간	4	5	6	7	8	9	10	11	12	1	2	3	4	5	6	7	8	9	10	11	12	1	2	3
활동 시간																								

To Do List

날짜	월	일	월 화 수 목 금 토 일	기상 시간	시 분	취침 시간	시 분

목표 / 다짐	자투리 시간	REMINDER

메모

주어진 시간	4	5	6	7	8	9	10	11	12	1	2	3	4	5	6	7	8	9	10	11	12	1	2	3
활동 시간																								

To Do List

날짜	월		일	월	화	수	목	금	토	일	기상 시간		시	분	취침 시간		시	분

목표 / 다짐	자투리 시간	REMINDER

메모

주어진 시간	4	5	6	7	8	9	10	11	12	1	2	3	4	5	6	7	8	9	10	11	12	1	2	3
활동 시간																								

To Do List

날짜	월 일	월 화 수 목 금 토 일	기상 시간	시 분	취침 시간	시 분

목표 / 다짐	자투리 시간	REMINDER

메모

주어진 시간	4	5	6	7	8	9	10	11	12	1	2	3	4	5	6	7	8	9	10	11	12	1	2	3
활동 시간																								

To
Do
List

| 날짜 | | 월 | 일 | 월 | 화 | 수 | 목 | 금 | 토 | 일 | 기상 시간 | | 시 | 분 | 취침 시간 | | 시 | 분 |

목표 / 다짐	자투리 시간	REMINDER

메모

주어진 시간	4	5	6	7	8	9	10	11	12	1	2	3	4	5	6	7	8	9	10	11	12	1	2	3
활동 시간																								

To Do List

날짜	월	일	월	화	수	목	금	토	일	기상 시간	시	분	취침 시간	시	분

목표 / 다짐	자투리 시간	REMINDER

메모

주어진 시간	4	5	6	7	8	9	10	11	12	1	2	3	4	5	6	7	8	9	10	11	12	1	2	3
활동 시간																								

To Do List

날짜	월	일	월	화	수	목	금	토	일	기상 시간		시	분	취침 시간		시	분

목표 / 다짐	자투리 시간	REMINDER

메모

주어진 시간	4	5	6	7	8	9	10	11	12	1	2	3	4	5	6	7	8	9	10	11	12	1	2	3
활동 시간																								

To Do List

날짜		월	일	월	화	수	목	금	토	일	기상 시간			시	분	취침 시간			시	분

목표 / 다짐	자투리 시간	REMINDER

메모

주어진 시간	4	5	6	7	8	9	10	11	12	1	2	3	4	5	6	7	8	9	10	11	12	1	2	3
활동 시간																								

To Do List	

날짜	월	일	월	화	수	목	금	토	일	기상 시간		시	분	취침 시간		시	분

목표 / 다짐	자투리 시간	REMINDER

메모

주어진 시간	4	5	6	7	8	9	10	11	12	1	2	3	4	5	6	7	8	9	10	11	12	1	2	3
활동 시간																								

To Do List

날짜	월 일	월 화 수 목 금 토 일	기상 시간	시 분	취침 시간	시 분

목표 / 다짐	자투리 시간	REMINDER

메모

주어진 시간	4	5	6	7	8	9	10	11	12	1	2	3	4	5	6	7	8	9	10	11	12	1	2	3
활동 시간																								

To Do List

날짜	월	일	월	화	수	목	금	토	일	기상 시간		시	분	취침 시간		시	분

목표 / 다짐	자투리 시간	REMINDER

메모

주어진 시간	4	5	6	7	8	9	10	11	12	1	2	3	4	5	6	7	8	9	10	11	12	1	2	3
활동 시간																								

To Do List

날짜		월	일	월	화	수	목	금	토	일	기상 시간		시	분	취침 시간		시	분

목표 / 다짐	자투리 시간	REMINDER

메모

주어진 시간	4	5	6	7	8	9	10	11	12	1	2	3	4	5	6	7	8	9	10	11	12	1	2	3
활동 시간																								

To Do List	

날짜	월 일	월 화 수 목 금 토 일	기상 시간	시 분	취침 시간	시 분

목표 / 다짐	자투리 시간	REMINDER

메모

주어진 시간	4	5	6	7	8	9	10	11	12	1	2	3	4	5	6	7	8	9	10	11	12	1	2	3
활동 시간																								

To Do List

날짜	월	일	월	화	수	목	금	토	일	기상 시간		시	분	취침 시간		시	분

목표 / 다짐	자투리 시간	REMINDER

메모

주어진 시간	4	5	6	7	8	9	10	11	12	1	2	3	4	5	6	7	8	9	10	11	12	1	2	3
활동 시간																								

To Do List

날짜		월		일	월	화	수	목	금	토	일	**기상 시간**			시	분	**취침 시간**		시	분

목표 / 다짐	자투리 시간	REMINDER

메모

주어진 시간	4	5	6	7	8	9	10	11	12	1	2	3	4	5	6	7	8	9	10	11	12	1	2	3
활동 시간																								

To Do List

날짜		월	일	월	화	수	목	금	토	일	기상 시간			시	분	취침 시간			시	분

목표 / 다짐	자투리 시간	REMINDER

메모

주어진 시간	4	5	6	7	8	9	10	11	12	1	2	3	4	5	6	7	8	9	10	11	12	1	2	3
활동 시간																								

To Do List

날짜	월 일	월 화 수 목 금 토 일	기상 시간	시 분	취침 시간	시 분

목표 / 다짐	자투리 시간	REMINDER

메모

주어진 시간	4	5	6	7	8	9	10	11	12	1	2	3	4	5	6	7	8	9	10	11	12	1	2	3
활동 시간																								

To Do List

날짜	월 일	월 화 수 목 금 토 일	기상 시간	시 분	취침 시간	시 분

목표 / 다짐	자투리 시간	REMINDER

메모

주어진 시간	4	5	6	7	8	9	10	11	12	1	2	3	4	5	6	7	8	9	10	11	12	1	2	3
활동 시간																								

To Do List	

날짜	월 일	월 화 수 목 금 토 일	기상 시간	시 분	취침 시간	시 분

목표 / 다짐	자투리 시간	REMINDER

메모

주어진 시간	4	5	6	7	8	9	10	11	12	1	2	3	4	5	6	7	8	9	10	11	12	1	2	3
활동 시간																								

To Do List

날짜		월	일	월	화	수	목	금	토	일	기상 시간		시	분	취침 시간		시	분

목표 / 다짐	자투리 시간	REMINDER

메모

주어진 시간	4	5	6	7	8	9	10	11	12	1	2	3	4	5	6	7	8	9	10	11	12	1	2	3
활동 시간																								

To Do List

날짜	월	일	월 화 수 목 금 토 일	기상 시간	시 분	취침 시간	시 분

목표 / 다짐	자투리 시간	REMINDER

메모

주어진 시간	4	5	6	7	8	9	10	11	12	1	2	3	4	5	6	7	8	9	10	11	12	1	2	3
활동 시간																								

To

Do

List

날짜	월	일	월	화	수	목	금	토	일	기상 시간		시	분	취침 시간			시	분

목표 / 다짐	자투리 시간	REMINDER

메모

주어진 시간	4	5	6	7	8	9	10	11	12	1	2	3	4	5	6	7	8	9	10	11	12	1	2	3
활동 시간																								

To Do List

날짜	월	일	월	화	수	목	금	토	일	기상 시간		시	분	취침 시간		시	분

목표 / 다짐	자투리 시간	REMINDER

메모

주어진 시간	4	5	6	7	8	9	10	11	12	1	2	3	4	5	6	7	8	9	10	11	12	1	2	3
활동 시간																								

To Do List

날짜		월		일	월	화	수	목	금	토	일	기상 시간		시	분	취침 시간		시	분

목표 / 다짐	자투리 시간	REMINDER

메모

주어진 시간	4	5	6	7	8	9	10	11	12	1	2	3	4	5	6	7	8	9	10	11	12	1	2	3
활동 시간																								

To Do List

날짜	월	일	월 화 수 목 금 토 일	기상 시간	시 분	취침 시간	시 분

목표 / 다짐	자투리 시간	REMINDER

메모

주어진 시간	4	5	6	7	8	9	10	11	12	1	2	3	4	5	6	7	8	9	10	11	12	1	2	3
활동 시간																								

To Do List

날짜		월		일	월	화	수	목	금	토	일	기상 시간			시		분	취침 시간				시		분

목표 / 다짐	자투리 시간	REMINDER

메모

주어진 시간	4	5	6	7	8	9	10	11	12	1	2	3	4	5	6	7	8	9	10	11	12	1	2	3
활동 시간																								

To Do List

날짜	월	일	월	화	수	목	금	토	일	기상 시간		시	분	취침 시간		시	분

목표 / 다짐	자투리 시간	REMINDER

메모

주어진 시간	4	5	6	7	8	9	10	11	12	1	2	3	4	5	6	7	8	9	10	11	12	1	2	3
활동 시간																								

To Do List

날짜	월	일	월	화	수	목	금	토	일	기상 시간		시	분	취침 시간		시	분

목표 / 다짐	자투리 시간	REMINDER

메모

주어진 시간	4	5	6	7	8	9	10	11	12	1	2	3	4	5	6	7	8	9	10	11	12	1	2	3
활동 시간																								

To Do List

날짜	월 일	월 화 수 목 금 토 일	기상 시간	시 분	취침 시간	시 분

목표 / 다짐	자투리 시간	REMINDER

메모

주어진 시간	4	5	6	7	8	9	10	11	12	1	2	3	4	5	6	7	8	9	10	11	12	1	2	3
활동 시간																								

To Do List

날짜	월 일	월 화 수 목 금 토 일	기상 시간	시 분	취침 시간	시 분

목표 / 다짐	자투리 시간	REMINDER

메모

주어진 시간	4	5	6	7	8	9	10	11	12	1	2	3	4	5	6	7	8	9	10	11	12	1	2	3
활동 시간																								

To
Do
List

날짜	월	일	월	화	수	목	금	토	일	기상 시간		시	분	취침 시간		시	분

목표 / 다짐	자투리 시간	REMINDER

메모

주어진 시간	4	5	6	7	8	9	10	11	12	1	2	3	4	5	6	7	8	9	10	11	12	1	2	3
활동 시간																								

To Do List

CHAPTER 5.
삶을 리셋하는 방법

사람들은 시간과 돈이 많아야 자기계발도 할 수 있다고 착각한다. 하지만 사실은 그 반대다. 시간과 돈이 많기 때문에 발전할 수 있는 것이 아니라 지금과는 다른 삶을 살기 위해 노력해야 하는 것이다.

이 질문에 진지하게 답해보자. 왜 굳이 발전하려고 하는가? 꾸준히 변화하는 사람이 되려면 평소와 다르게 살 용기가 필요하다. 고정관념에서 벗어나고 익숙한 환경에서 탈출해야 더 넓은 세상이 보인다. 너무 늦었을까 봐, 힘들까 봐, 실패할까 봐 미뤄둔 꿈이 있다면 과감히 도전해보자. 여기 삶을 리셋하는 네 가지 방법이 있다.

1. 기상 시간과 취침 시간 돌아보기

평소 내가 언제 일어나고 잠드는지를 기록해보자. 꾸준하게 성장하기 위해서는 하루의 시작과 끝이 일정해야 한다. 매일 같은 시간에 기상하고 취침하지 않으면 삶이 안정적일 수 없다. 만약 수면 사이클이 불규칙하다면 기상 시간과 취침 시간을 먼저 정해놓고 최대한 그 시간에 맞춰보자. 처음에는 불편하고 어색하겠지만 늘 비슷하게 수면 시간을 유지하고 익숙해지면 30분씩 그 주기를 앞당기면서 일찍 자고 일찍 일어나는 생활 패턴을 만들어보자.

2. 나만의 시간 만들기

아무리 사람 만나는 걸 좋아하고 외로움을 많이 느끼는 사람이라도 나만의 시간은 반드시 필요하다. 나만의 시간이란 온전히 자신에게 집중하는 시간으로, 무조건 앞으로 내달리기보다는 내가 원하는 방향으로 제대로 나아가고 있는지 점검해보는 시간이다. 주변 환경은 잘 정리됐는지, 건강 상태는 양호한지 등을 돌아보자. 이런 시간은 일부러 계획하지 않으면 생략하기 쉽기 때문에 플래너에 꼭 표시해두고 그때만은 온전히 나에게 집중해야 한다.

3. 인간관계 정리하기

새로운 생활 습관을 만들고 목표를 달성하기 위해 자신을 통제하다 보면 간혹 인간관계에서 사소한 트러블이 생기기도 한다. 그럴 때 너무 속상해하지 말고 오히려 이 김에 불편한 인간관계를 정리해보자. 모든 인연을 끊고 누구도 만나지 말라는 이야기가 절대 아니다. 나의 하루를 직접 컨트롤할 수 있을 때까지 타인에게 시간과 에너지를 쏟는 것을 자제하고 나에게 집중하자는 것이다. 그러면 오히려 다른 사람들에게 휩쓸리지 않는 주관이 생겨 타인을 챙길 너그러운 마음을 가질 수 있다. 또한 나의 내면이 건강해지면 그와 비슷한 가치관을 가진 사람들과 자연스럽게 좋은 인연을 맺을 수 있다.

4. 자신의 심리 상태 돌아보기

최근 일주일간 어떤 감정을 자주 혹은 강하게 느꼈는지 적어보자. 삶에 변화를 주려면 나의 심리 상태도 관찰해야 한다. 평소 걱정이나 스트레스에 지나치게 억눌려 있지 않은지, 감정 기복이 심하거나 주변 사람들의 기분에 쉽게 영향을 받는지 되돌아보자. 하루에도 몇 번씩 감정이 오르락내리락하면 좋은 생활 패턴을 만들 수도, 유지할 수도 없다. 부정적인 생각을 자주 하거나 화를 많이 낸다면 생각의 초점을 다른 곳에 겨누고 그 에너지를 좋은 일에 활용해보자.

인생은 리허설이 아니다.
그러니 하루하루를 최선을 다해 살아야 한다.
일찍 일어나는 것 자체는
당신이 열심히 일했으니 성공할 거라는 신호가 아니다.
그 시간에 무엇이든 할 수 있도록
당신 안의 잠재력을 이끌어내는 게 중요하다.

_리처드 브랜슨Richard Branson, 버진 그룹 Vergin Group 회장

날짜	월 일	월 화 수 목 금 토 일	기상 시간	시 분	취침 시간	시 분

목표 / 다짐	자투리 시간	REMINDER

메모

주어진 시간	4	5	6	7	8	9	10	11	12	1	2	3	4	5	6	7	8	9	10	11	12	1	2	3
활동 시간																								

To Do List

날짜	월	일	월	화	수	목	금	토	일	기상 시간		시	분	취침 시간		시	분

목표 / 다짐	자투리 시간	REMINDER

메모

주어진 시간	4	5	6	7	8	9	10	11	12	1	2	3	4	5	6	7	8	9	10	11	12	1	2	3
활동 시간																								

To Do List

날짜		월		일	월	화	수	목	금	토	일	기상 시간			시		분	취침 시간			시		분

목표 / 다짐	자투리 시간	REMINDER

메모

주어진 시간	4	5	6	7	8	9	10	11	12	1	2	3	4	5	6	7	8	9	10	11	12	1	2	3
활동 시간																								

To Do List

날짜	월	일	월 화 수 목 금 토 일	기상 시간	시 분	취침 시간	시 분

목표 / 다짐	자투리 시간	REMINDER

메모

주어진 시간	4	5	6	7	8	9	10	11	12	1	2	3	4	5	6	7	8	9	10	11	12	1	2	3
활동 시간																								

To

Do

List

날짜		월		일	월	화	수	목	금	토	일	기상 시간		시	분	취침 시간		시	분

목표 / 다짐	자투리 시간	REMINDER

메모

주어진 시간	4	5	6	7	8	9	10	11	12	1	2	3	4	5	6	7	8	9	10	11	12	1	2	3
활동 시간																								

To

Do

List

날짜	월	일	월	화	수	목	금	토	일	기상 시간		시	분	취침 시간		시	분

목표 / 다짐	자투리 시간	REMINDER

메모

주어진 시간	4	5	6	7	8	9	10	11	12	1	2	3	4	5	6	7	8	9	10	11	12	1	2	3
활동 시간																								

To Do List

날짜	월	일	월	화	수	목	금	토	일	기상 시간		시	분	취침 시간			시	분

목표 / 다짐	자투리 시간	REMINDER

메모

주어진 시간	4	5	6	7	8	9	10	11	12	1	2	3	4	5	6	7	8	9	10	11	12	1	2	3
활동 시간																								

To Do List

날짜	월	일	월	화	수	목	금	토	일	기상 시간		시	분	취침 시간		시	분

목표 / 다짐	자투리 시간	REMINDER

메모

주어진 시간	4	5	6	7	8	9	10	11	12	1	2	3	4	5	6	7	8	9	10	11	12	1	2	3
활동 시간																								

To

Do

List

날짜		월	일	월	화	수	목	금	토	일	기상 시간			시	분	취침 시간			시	분

목표 / 다짐	자투리 시간	REMINDER

메모

주어진 시간	4	5	6	7	8	9	10	11	12	1	2	3	4	5	6	7	8	9	10	11	12	1	2	3
활동 시간																								

To Do List

날짜	월	일	월	화	수	목	금	토	일	기상 시간		시	분	취침 시간		시	분

목표 / 다짐	자투리 시간	REMINDER

메모

주어진 시간	4	5	6	7	8	9	10	11	12	1	2	3	4	5	6	7	8	9	10	11	12	1	2	3
활동 시간																								

To Do List

날짜	월	일	월	화	수	목	금	토	일	기상 시간		시	분	취침 시간		시	분

목표 / 다짐	자투리 시간	REMINDER

메모

주어진 시간	4	5	6	7	8	9	10	11	12	1	2	3	4	5	6	7	8	9	10	11	12	1	2	3
활동 시간																								

To Do List

날짜	월	일	월 화 수 목 금 토 일	기상 시간	시 분	취침 시간	시 분

목표 / 다짐	자투리 시간	REMINDER

메모

주어진 시간	4	5	6	7	8	9	10	11	12	1	2	3	4	5	6	7	8	9	10	11	12	1	2	3
활동 시간																								

To Do List

날짜	월	일	월 화 수 목 금 토 일	기상 시간	시 분	취침 시간	시 분

목표 / 다짐	자투리 시간	REMINDER

메모

주어진 시간	4	5	6	7	8	9	10	11	12	1	2	3	4	5	6	7	8	9	10	11	12	1	2	3
활동 시간																								

To Do List

날짜	월	일	월	화	수	목	금	토	일	기상 시간		시	분	취침 시간		시	분

목표 / 다짐	자투리 시간	REMINDER

메모

주어진 시간	4	5	6	7	8	9	10	11	12	1	2	3	4	5	6	7	8	9	10	11	12	1	2	3
활동 시간																								

To

Do

List

날짜	월	일	월	화	수	목	금	토	일	기상 시간		시	분	취침 시간		시	분

목표 / 다짐	자투리 시간	REMINDER

메모

주어진 시간	4	5	6	7	8	9	10	11	12	1	2	3	4	5	6	7	8	9	10	11	12	1	2	3
활동 시간																								

To Do List

| 날짜 | 월 | 일 | 월 | 화 | 수 | 목 | 금 | 토 | 일 | 기상 시간 | | 시 | 분 | 취침 시간 | | 시 | 분 |

목표 / 다짐	자투리 시간	REMINDER

메모

주어진 시간	4	5	6	7	8	9	10	11	12	1	2	3	4	5	6	7	8	9	10	11	12	1	2	3
활동 시간																								

To Do List

날짜	월		일	월	화	수	목	금	토	일	기상 시간		시	분	취침 시간		시	분

목표 / 다짐	자투리 시간	REMINDER

메모

주어진 시간	4	5	6	7	8	9	10	11	12	1	2	3	4	5	6	7	8	9	10	11	12	1	2	3
활동 시간																								

To Do List

날짜		월	일	월	화	수	목	금	토	일	기상 시간		시	분	취침 시간		시	분

목표 / 다짐	자투리 시간	REMINDER

메모

주어진 시간	4	5	6	7	8	9	10	11	12	1	2	3	4	5	6	7	8	9	10	11	12	1	2	3
활동 시간																								

To Do List

날짜	월	일	월	화	수	목	금	토	일	기상 시간		시	분	취침 시간		시	분

목표 / 다짐	자투리 시간	REMINDER

메모

주어진 시간	4	5	6	7	8	9	10	11	12	1	2	3	4	5	6	7	8	9	10	11	12	1	2	3
활동 시간																								

To Do List	

| 날짜 | 월 | 일 | 월 | 화 | 수 | 목 | 금 | 토 | 일 | 기상 시간 | 시 | 분 | 취침 시간 | 시 | 분 |

목표 / 다짐	자투리 시간	REMINDER

메모

주어진 시간	4	5	6	7	8	9	10	11	12	1	2	3	4	5	6	7	8	9	10	11	12	1	2	3
활동 시간																								

To

Do

List

날짜	월	일	월	화	수	목	금	토	일	기상 시간		시	분	취침 시간		시	분

목표 / 다짐	자투리 시간	REMINDER

메모

주어진 시간	4	5	6	7	8	9	10	11	12	1	2	3	4	5	6	7	8	9	10	11	12	1	2	3
활동 시간																								

To Do List

날짜	월	일	월 화 수 목 금 토 일	기상 시간	시 분	취침 시간	시 분

목표 / 다짐	자투리 시간	REMINDER

메모

주어진 시간	4	5	6	7	8	9	10	11	12	1	2	3	4	5	6	7	8	9	10	11	12	1	2	3
활동 시간																								

To Do List

날짜	월 일	월 화 수 목 금 토 일	기상 시간	시 분	취침 시간	시 분

목표 / 다짐	자투리 시간	REMINDER

메모

주어진 시간	4	5	6	7	8	9	10	11	12	1	2	3	4	5	6	7	8	9	10	11	12	1	2	3
활동 시간																								

To Do List

날짜		월	일	월	화	수	목	금	토	일	기상 시간		시	분	취침 시간		시	분

목표 / 다짐	자투리 시간	REMINDER

메모

주어진 시간	4	5	6	7	8	9	10	11	12	1	2	3	4	5	6	7	8	9	10	11	12	1	2	3
활동 시간																								

To Do List

날짜	월	일	월 화 수 목 금 토 일	기상 시간	시 분	취침 시간	시 분

목표 / 다짐	자투리 시간	REMINDER

메모

주어진 시간	4	5	6	7	8	9	10	11	12	1	2	3	4	5	6	7	8	9	10	11	12	1	2	3
활동 시간																								

To Do List

날짜	월	일	월	화	수	목	금	토	일	기상 시간		시	분	취침 시간		시	분

목표 / 다짐	자투리 시간	REMINDER

메모

주어진 시간	4	5	6	7	8	9	10	11	12	1	2	3	4	5	6	7	8	9	10	11	12	1	2	3
활동 시간																								

To Do List

날짜	월	일	월 화 수 목 금 토 일	기상 시간	시 분	취침 시간	시 분

목표 / 다짐	자투리 시간	REMINDER

메모

주어진 시간	4	5	6	7	8	9	10	11	12	1	2	3	4	5	6	7	8	9	10	11	12	1	2	3
활동 시간																								

To Do List

날짜	월	일	월 화 수 목 금 토 일	기상 시간	시 분	취침 시간	시 분

목표 / 다짐	자투리 시간	REMINDER

메모

주어진 시간	4	5	6	7	8	9	10	11	12	1	2	3	4	5	6	7	8	9	10	11	12	1	2	3
활동 시간																								

To Do List

날짜	월 일	월 화 수 목 금 토 일	기상 시간	시 분	취침 시간	시 분

목표 / 다짐	자투리 시간	REMINDER

메모

주어진 시간	4	5	6	7	8	9	10	11	12	1	2	3	4	5	6	7	8	9	10	11	12	1	2	3
활동 시간																								

To Do List

| 날짜 | | 월 | 일 | 월 | 화 | 수 | 목 | 금 | 토 | 일 | 기상 시간 | | | 시 | 분 | 취침 시간 | | | 시 | 분 |

목표 / 다짐	자투리 시간	REMINDER

메모

주어진 시간	4	5	6	7	8	9	10	11	12	1	2	3	4	5	6	7	8	9	10	11	12	1	2	3
활동 시간																								

To
Do
List

꿈을 이루는 데 이르거나 늦은 때는 없다.
모두에게 동일하게, 같은 시기에 목표를 달성할 타이밍이
주어지지 않기 때문이다.
누군가에게는 다음 주에 문이 열리는가 하면
누군가에게는 몇 년 뒤에야 문이 열린다.

살다 보면 때로 계획이 바뀌어 방향을
틀어야 할 순간이 온다.
그래도 당황할 필요는 없다.
새로운 인생이 그때부터 시작되는 것이니까.

_《나의 하루는 4시 30분에 시작된다》

날짜	월 일	월 화 수 목 금 토 일	기상 시간	시 분	취침 시간	시 분

목표 / 다짐	자투리 시간	REMINDER

메모

주어진 시간	4	5	6	7	8	9	10	11	12	1	2	3	4	5	6	7	8	9	10	11	12	1	2	3
활동 시간																								

To Do List

날짜		월		일	월	화	수	목	금	토	일	기상 시간		시	분	취침 시간		시	분

목표 / 다짐	자투리 시간	REMINDER

메모

주어진 시간	4	5	6	7	8	9	10	11	12	1	2	3	4	5	6	7	8	9	10	11	12	1	2	3
활동 시간																								

To Do List

날짜	월	일	월	화	수	목	금	토	일	기상 시간		시	분	취침 시간		시	분

목표 / 다짐	자투리 시간	REMINDER

메모

주어진 시간	4	5	6	7	8	9	10	11	12	1	2	3	4	5	6	7	8	9	10	11	12	1	2	3
활동 시간																								

To Do List

날짜	월	일	월	화	수	목	금	토	일	기상 시간		시	분	취침 시간		시	분

목표 / 다짐	자투리 시간	REMINDER

메모

주어진 시간	4	5	6	7	8	9	10	11	12	1	2	3	4	5	6	7	8	9	10	11	12	1	2	3
활동 시간																								

To Do List

날짜		월	일	월	화	수	목	금	토	일	기상 시간		시	분	취침 시간		시	분

목표 / 다짐	자투리 시간	REMINDER

메모

주어진 시간	4	5	6	7	8	9	10	11	12	1	2	3	4	5	6	7	8	9	10	11	12	1	2	3
활동 시간																								

To Do List

날짜	월	일	월	화	수	목	금	토	일	기상 시간		시	분	취침 시간		시	분

목표 / 다짐	자투리 시간	REMINDER

메모

주어진 시간	4	5	6	7	8	9	10	11	12	1	2	3	4	5	6	7	8	9	10	11	12	1	2	3
활동 시간																								

To Do List

날짜	월	일	월	화	수	목	금	토	일	기상 시간	시	분	취침 시간	시	분

목표 / 다짐	자투리 시간	REMINDER

메모

주어진 시간	4	5	6	7	8	9	10	11	12	1	2	3	4	5	6	7	8	9	10	11	12	1	2	3
활동 시간																								

To Do List

날짜	월	일	월	화	수	목	금	토	일	기상 시간		시	분	취침 시간		시	분

목표 / 다짐	자투리 시간	REMINDER

메모

주어진 시간	4	5	6	7	8	9	10	11	12	1	2	3	4	5	6	7	8	9	10	11	12	1	2	3
활동 시간																								

To Do List

날짜	월	일	월 화 수 목 금 토 일	기상 시간	시 분	취침 시간	시 분

목표 / 다짐	자투리 시간	REMINDER

메모

주어진 시간	4	5	6	7	8	9	10	11	12	1	2	3	4	5	6	7	8	9	10	11	12	1	2	3
활동 시간																								

To Do List

| 날짜 | | 월 | 일 | 월 | 화 | 수 | 목 | 금 | 토 | 일 | 기상 시간 | | 시 | 분 | 취침 시간 | | 시 | 분 |

목표 / 다짐	자투리 시간	REMINDER

메모

주어진 시간	4	5	6	7	8	9	10	11	12	1	2	3	4	5	6	7	8	9	10	11	12	1	2	3
활동 시간																								

To Do List

날짜	월	일	월	화	수	목	금	토	일	기상 시간		시	분	취침 시간		시	분

목표 / 다짐	자투리 시간	REMINDER

메모

주어진 시간	4	5	6	7	8	9	10	11	12	1	2	3	4	5	6	7	8	9	10	11	12	1	2	3
활동 시간																								

To
Do
List

날짜	월	일	월	화	수	목	금	토	일	기상 시간		시	분	취침 시간		시	분

목표 / 다짐	자투리 시간	REMINDER

메모

주어진 시간	4	5	6	7	8	9	10	11	12	1	2	3	4	5	6	7	8	9	10	11	12	1	2	3
활동 시간																								

To
Do
List

날짜	월	일	월 화 수 목 금 토 일	기상 시간	시 분	취침 시간	시 분

목표 / 다짐	자투리 시간	REMINDER

메모

주어진 시간	4	5	6	7	8	9	10	11	12	1	2	3	4	5	6	7	8	9	10	11	12	1	2	3
활동 시간																								

To Do List

날짜		월	일	월	화	수	목	금	토	일	기상 시간		시	분	취침 시간		시	분

목표 / 다짐	자투리 시간	REMINDER

메모

주어진 시간	4	5	6	7	8	9	10	11	12	1	2	3	4	5	6	7	8	9	10	11	12	1	2	3
활동 시간																								

To Do List

날짜		월	일	월	화	수	목	금	토	일	기상 시간		시	분	취침 시간		시	분

목표 / 다짐	자투리 시간	REMINDER

메모

주어진 시간	4	5	6	7	8	9	10	11	12	1	2	3	4	5	6	7	8	9	10	11	12	1	2	3
활동 시간																								

To Do List

날짜	월	일	월	화	수	목	금	토	일	기상 시간		시	분	취침 시간		시	분

목표 / 다짐	자투리 시간	REMINDER

메모

주어진 시간	4	5	6	7	8	9	10	11	12	1	2	3	4	5	6	7	8	9	10	11	12	1	2	3
활동 시간																								

To Do List

날짜	월 일	월 화 수 목 금 토 일	기상 시간	시 분	취침 시간	시 분

목표 / 다짐	자투리 시간	REMINDER

메모

주어진 시간	4	5	6	7	8	9	10	11	12	1	2	3	4	5	6	7	8	9	10	11	12	1	2	3
활동 시간																								

To Do List

날짜	월	일	월	화	수	목	금	토	일	기상 시간		시	분	취침 시간		시	분

목표 / 다짐	자투리 시간	REMINDER

메모

주어진 시간	4	5	6	7	8	9	10	11	12	1	2	3	4	5	6	7	8	9	10	11	12	1	2	3
활동 시간																								

To Do List

날짜	월	일	월	화	수	목	금	토	일	기상 시간		시	분	취침 시간		시	분

목표 / 다짐	자투리 시간	REMINDER

메모

주어진 시간	4	5	6	7	8	9	10	11	12	1	2	3	4	5	6	7	8	9	10	11	12	1	2	3
활동 시간																								

To Do List

날짜		월	일	월	화	수	목	금	토	일	기상 시간			시	분	취침 시간			시	분

목표 / 다짐	자투리 시간	REMINDER

메모

주어진 시간	4	5	6	7	8	9	10	11	12	1	2	3	4	5	6	7	8	9	10	11	12	1	2	3
활동 시간																								

To Do List

날짜	월	일	월	화	수	목	금	토	일	기상 시간		시	분	취침 시간		시	분

목표 / 다짐	자투리 시간	REMINDER

메모

주어진 시간	4	5	6	7	8	9	10	11	12	1	2	3	4	5	6	7	8	9	10	11	12	1	2	3
활동 시간																								

To Do List

날짜		월		일	월	화	수	목	금	토	일	기상 시간		시	분	취침 시간		시	분

목표 / 다짐	자투리 시간	REMINDER

메모

주어진 시간	4	5	6	7	8	9	10	11	12	1	2	3	4	5	6	7	8	9	10	11	12	1	2	3
활동 시간																								

To
Do
List

날짜	월	일	월	화	수	목	금	토	일	기상 시간		시	분	취침 시간		시	분

목표 / 다짐	자투리 시간	REMINDER

메모

주어진 시간	4	5	6	7	8	9	10	11	12	1	2	3	4	5	6	7	8	9	10	11	12	1	2	3
활동 시간																								

To Do List

날짜	월	일	월	화	수	목	금	토	일	기상 시간		시	분	취침 시간		시	분

목표 / 다짐	자투리 시간	REMINDER

메모

주어진 시간	4	5	6	7	8	9	10	11	12	1	2	3	4	5	6	7	8	9	10	11	12	1	2	3
활동 시간																								

To Do List

날짜	월	일	월	화	수	목	금	토	일	기상 시간		시	분	취침 시간		시	분

목표 / 다짐	자투리 시간	REMINDER

메모

주어진 시간	4	5	6	7	8	9	10	11	12	1	2	3	4	5	6	7	8	9	10	11	12	1	2	3
활동 시간																								

To Do List

날짜		월	일	월 화 수 목 금 토 일		기상 시간		시 분		취침 시간		시 분	

목표 / 다짐	자투리 시간	REMINDER

메모

주어진 시간	4	5	6	7	8	9	10	11	12	1	2	3	4	5	6	7	8	9	10	11	12	1	2	3
활동 시간																								

To
Do
List

날짜	월	일	월 화 수 목 금 토 일	기상 시간	시 분	취침 시간	시 분

목표 / 다짐	자투리 시간	REMINDER

메모

주어진 시간	4	5	6	7	8	9	10	11	12	1	2	3	4	5	6	7	8	9	10	11	12	1	2	3
활동 시간																								

To Do List

날짜	월 일		월 화 수 목 금 토 일							기상 시간		시 분		취침 시간			시 분	

목표 / 다짐	자투리 시간	REMINDER

메모

주어진 시간	4	5	6	7	8	9	10	11	12	1	2	3	4	5	6	7	8	9	10	11	12	1	2	3
활동 시간																								

To Do List	

날짜	월 일	월 화 수 목 금 토 일	기상 시간	시 분	취침 시간	시 분

목표 / 다짐	자투리 시간	REMINDER

메모

주어진 시간	4	5	6	7	8	9	10	11	12	1	2	3	4	5	6	7	8	9	10	11	12	1	2	3
활동 시간																								

To Do List

| 날짜 | | 월 | | 일 | | 월 | 화 | 수 | 목 | 금 | 토 | 일 | 기상 시간 | | | 시 | | 분 | 취침 시간 | | | 시 | | 분 |

목표 / 다짐	자투리 시간	REMINDER

메모

주어진 시간	4	5	6	7	8	9	10	11	12	1	2	3	4	5	6	7	8	9	10	11	12	1	2	3
활동 시간																								

To Do List

날짜	월	일	월	화	수	목	금	토	일	기상 시간		시	분	취침 시간		시	분

목표 / 다짐	자투리 시간	REMINDER

메모

주어진 시간	4	5	6	7	8	9	10	11	12	1	2	3	4	5	6	7	8	9	10	11	12	1	2	3
활동 시간																								

To Do List

내가 어릴 때는 보수적인 고정관념이 만연해서
내가 하는 모든 일들이 틀을 깨는 것이었다.
나는 록 밴드에서 연주를 했고 나무를 기어올랐다.
이런 나를 보고 부모님은 "쟤가 도대체 뭘 하는 거야?"라고 말하곤 했다.
나는 아직도 약간 반항아다.
이렇게 가만히 앉아 있을 순 없다고 언제나 이야기한다.

매일 아침, 세상이 바뀌고 있다는 건강한 경각심을 갖고 일어나야 한다.
그리고 승리하기 위해서는
누구보다도 민첩하고 빠르게 변화해야 한다는 확신을 가져야 한다.

_인드라 누이 Indra Nooyi , 펩시코 Pepsico 전 CEO

날짜	월 일	월 화 수 목 금 토 일	기상 시간	시 분	취침 시간	시 분

목표 / 다짐	자투리 시간	REMINDER

메모

주어진 시간	4	5	6	7	8	9	10	11	12	1	2	3	4	5	6	7	8	9	10	11	12	1	2	3
활동 시간																								

To Do List

| 날짜 | 월 | 일 | 월 | 화 | 수 | 목 | 금 | 토 | 일 | 기상 시간 | | 시 | 분 | 취침 시간 | | 시 | 분 |

목표 / 다짐	자투리 시간	REMINDER

메모

주어진 시간	4	5	6	7	8	9	10	11	12	1	2	3	4	5	6	7	8	9	10	11	12	1	2	3
활동 시간																								

To Do List

날짜	월	일	월	화	수	목	금	토	일	기상 시간		시	분	취침 시간		시	분

목표 / 다짐	자투리 시간	REMINDER

메모

주어진 시간	4	5	6	7	8	9	10	11	12	1	2	3	4	5	6	7	8	9	10	11	12	1	2	3
활동 시간																								

To Do List

날짜		월		일	월	화	수	목	금	토	일	기상 시간			시	분	취침 시간			시	분

목표 / 다짐	자투리 시간	REMINDER

메모

주어진 시간	4	5	6	7	8	9	10	11	12	1	2	3	4	5	6	7	8	9	10	11	12	1	2	3
활동 시간																								

To Do List

날짜	월	일	월	화	수	목	금	토	일	기상 시간		시	분	취침 시간		시	분

목표 / 다짐	자투리 시간	REMINDER

메모

주어진 시간	4	5	6	7	8	9	10	11	12	1	2	3	4	5	6	7	8	9	10	11	12	1	2	3
활동 시간																								

To Do List

날짜	월	일	월 화 수 목 금 토 일	기상 시간	시 분	취침 시간	시 분

목표 / 다짐	자투리 시간	REMINDER

메모

주어진 시간	4	5	6	7	8	9	10	11	12	1	2	3	4	5	6	7	8	9	10	11	12	1	2	3
활동 시간																								

To Do List

날짜	월	일	월	화	수	목	금	토	일	기상 시간		시	분	취침 시간		시	분

목표 / 다짐	자투리 시간	REMINDER

메모

주어진 시간	4	5	6	7	8	9	10	11	12	1	2	3	4	5	6	7	8	9	10	11	12	1	2	3
활동 시간																								

To Do List

날짜	월	일	월	화	수	목	금	토	일	기상 시간		시	분	취침 시간		시	분

목표 / 다짐	자투리 시간	REMINDER

메모

주어진 시간	4	5	6	7	8	9	10	11	12	1	2	3	4	5	6	7	8	9	10	11	12	1	2	3
활동 시간																								

To Do List

날짜	월	일	월	화	수	목	금	토	일	기상 시간			시	분	취침 시간		시	분

목표 / 다짐	자투리 시간	REMINDER

메모

주어진 시간	4	5	6	7	8	9	10	11	12	1	2	3	4	5	6	7	8	9	10	11	12	1	2	3
활동 시간																								

To Do List

날짜	월 일	월 화 수 목 금 토 일	기상 시간	시 분	취침 시간	시 분

목표 / 다짐	자투리 시간	REMINDER

메모

주어진 시간	4	5	6	7	8	9	10	11	12	1	2	3	4	5	6	7	8	9	10	11	12	1	2	3
활동 시간																								

To Do List

날짜	월	일	월 화 수 목 금 토 일	기상 시간	시 분	취침 시간	시 분

목표 / 다짐	자투리 시간	REMINDER

메모

주어진 시간	4	5	6	7	8	9	10	11	12	1	2	3	4	5	6	7	8	9	10	11	12	1	2	3
활동 시간																								

To Do List

날짜	월	일	월	화	수	목	금	토	일	기상 시간	시	분	취침 시간	시	분

목표 / 다짐	자투리 시간	REMINDER

메모

주어진 시간	4	5	6	7	8	9	10	11	12	1	2	3	4	5	6	7	8	9	10	11	12	1	2	3
활동 시간																								

To

Do

List

날짜	월 일	월 화 수 목 금 토 일	기상 시간	시 분	취침 시간	시 분

목표 / 다짐	자투리 시간	REMINDER

메모

주어진 시간	4	5	6	7	8	9	10	11	12	1	2	3	4	5	6	7	8	9	10	11	12	1	2	3
활동 시간																								

To Do List

날짜		월 일		월 화 수 목 금 토 일							기상 시간		시 분			취침 시간		시 분		

목표 / 다짐	자투리 시간	REMINDER

메모

주어진 시간	4	5	6	7	8	9	10	11	12	1	2	3	4	5	6	7	8	9	10	11	12	1	2	3
활동 시간																								

To Do List

날짜		월	일	월 화 수 목 금 토 일		기상 시간		시 분		취침 시간		시 분	

목표 / 다짐	자투리 시간	REMINDER

메모

주어진 시간	4	5	6	7	8	9	10	11	12	1	2	3	4	5	6	7	8	9	10	11	12	1	2	3
활동 시간																								

To Do List

날짜		월		일	월	화	수	목	금	토	일	기상 시간			시		분	취침 시간			시		분

목표 / 다짐	자투리 시간	REMINDER

메모

주어진 시간	4	5	6	7	8	9	10	11	12	1	2	3	4	5	6	7	8	9	10	11	12	1	2	3
활동 시간																								

To Do List

날짜	월	일	월	화	수	목	금	토	일	기상 시간		시	분	취침 시간		시	분

목표 / 다짐	자투리 시간	REMINDER

메모

주어진 시간	4	5	6	7	8	9	10	11	12	1	2	3	4	5	6	7	8	9	10	11	12	1	2	3
활동 시간																								

To Do List

날짜	월	일	월	화	수	목	금	토	일	기상 시간		시	분	취침 시간		시	분

목표 / 다짐	자투리 시간	REMINDER

메모

주어진 시간	4	5	6	7	8	9	10	11	12	1	2	3	4	5	6	7	8	9	10	11	12	1	2	3
활동 시간																								

To Do List

날짜	월	일	월	화	수	목	금	토	일	기상 시간		시	분	취침 시간		시	분

목표 / 다짐	자투리 시간	REMINDER

메모

주어진 시간	4	5	6	7	8	9	10	11	12	1	2	3	4	5	6	7	8	9	10	11	12	1	2	3
활동 시간																								

To Do List

날짜		월 일	월 화 수 목 금 토 일		기상 시간		시 분		취침 시간		시 분	

목표 / 다짐	자투리 시간	REMINDER

메모

주어진 시간	4	5	6	7	8	9	10	11	12	1	2	3	4	5	6	7	8	9	10	11	12	1	2	3
활동 시간																								

To Do List	

날짜	월	일	월	화	수	목	금	토	일	기상 시간		시	분	취침 시간		시	분

목표 / 다짐	자투리 시간	REMINDER

메모

주어진 시간	4	5	6	7	8	9	10	11	12	1	2	3	4	5	6	7	8	9	10	11	12	1	2	3
활동 시간																								

To Do List

날짜	월 일	월 화 수 목 금 토 일	기상 시간	시 분	취침 시간	시 분

목표 / 다짐	자투리 시간	REMINDER

메모

주어진 시간	4	5	6	7	8	9	10	11	12	1	2	3	4	5	6	7	8	9	10	11	12	1	2	3
활동 시간																								

To Do List

날짜	월	일	월	화	수	목	금	토	일	기상 시간		시	분	취침 시간		시	분

목표 / 다짐	자투리 시간	REMINDER

메모

주어진 시간	4	5	6	7	8	9	10	11	12	1	2	3	4	5	6	7	8	9	10	11	12	1	2	3
활동 시간																								

To Do List

날짜	월	일	월 화 수 목 금 토 일	기상 시간	시 분	취침 시간	시 분

목표 / 다짐	자투리 시간	REMINDER

메모

주어진 시간	4	5	6	7	8	9	10	11	12	1	2	3	4	5	6	7	8	9	10	11	12	1	2	3
활동 시간																								

To Do List

날짜	월	일	월 화 수 목 금 토 일							기상 시간		시	분	취침 시간		시	분

목표 / 다짐	자투리 시간	REMINDER

메모

주어진 시간	4	5	6	7	8	9	10	11	12	1	2	3	4	5	6	7	8	9	10	11	12	1	2	3
활동 시간																								

To Do List

날짜	월 일	월 화 수 목 금 토 일	기상 시간	시 분	취침 시간	시 분

목표 / 다짐	자투리 시간	REMINDER

메모

주어진 시간	4	5	6	7	8	9	10	11	12	1	2	3	4	5	6	7	8	9	10	11	12	1	2	3
활동 시간																								

To
Do
List

날짜	월	일	월	화	수	목	금	토	일	기상 시간		시	분	취침 시간		시	분

목표 / 다짐	자투리 시간	REMINDER

메모

주어진 시간	4	5	6	7	8	9	10	11	12	1	2	3	4	5	6	7	8	9	10	11	12	1	2	3
활동 시간																								

To Do List

날짜	월	일	월	화	수	목	금	토	일	기상 시간	시	분	취침 시간	시	분

목표 / 다짐	자투리 시간	REMINDER

메모

주어진 시간	4	5	6	7	8	9	10	11	12	1	2	3	4	5	6	7	8	9	10	11	12	1	2	3
활동 시간																								

To Do List

날짜	월		일	월	화	수	목	금	토	일	기상 시간		시	분	취침 시간		시	분

목표 / 다짐	자투리 시간	REMINDER

메모

주어진 시간	4	5	6	7	8	9	10	11	12	1	2	3	4	5	6	7	8	9	10	11	12	1	2	3
활동 시간																								

To

Do

List

날짜		월		일	월	화	수	목	금	토	일	기상 시간			시		분	취침 시간			시		분

목표 / 다짐	자투리 시간	REMINDER

메모

주어진 시간	4	5	6	7	8	9	10	11	12	1	2	3	4	5	6	7	8	9	10	11	12	1	2	3
활동 시간																								

To Do List

CHAPTER 6.
새벽 기상이
습관이 되려면

우리가 새벽 기상을 시도하는 목적은 하루만 일찍 일어나기 위해서가 아니다. 매일 일찍 일어나 남들보다 하루를 빨리 시작하는 습관을 기르기 위해서다. 그러니 다양한 방법으로 나만의 시차를 만들고 이를 지킬 수 있도록 노력해 어쩌다 일찍 일어나는 사람이 아닌 가끔 늦잠 자는 사람이 돼보자.

아침형 라이프스타일은 하루아침에 만들어지는 것이 아니다. 새벽 기상이 특별한 이벤트가 아니라 습관이 되려면 여러 가지 노력이 필요하다. 새벽 기상을 라이프스타일로 만드는 세 가지 팁을 소개한다.

1. 새벽 기상은 전날 밤부터
아침형 라이프스타일은 새벽이 아닌 전날 밤부터

시작된다. 아침에 일어나 아무것도 하지 않고 멍하니 앉아 있거나 허겁지겁 외출을 준비하는 것을 막기 위해서다. 다음 날 입을 옷, 도시락, 운동복 등 필요한 준비물은 저녁에 미리 준비하자. 새벽 루틴 역시 미리 계획해 플래너에 적어야 한다.

새벽 기상을 전날 밤부터 준비해야 하는 또 다른 이유는 수면 시간에 있다. 충분한 수면 시간을 확보하지 못하면 일찍 일어날 수 없다. 평소보다 30분 일찍 일어나겠다는 계획을 세웠다면 취침 시간도 평소보다 30분 일찍 설정해야 한다. 물론 처음부터 바로 원하는 시간에 잘 수는 없겠지만 남들보다 빨리 하루를 시작하는 데 익숙해지려면 하루를 빨리 마무리하는 데도 익숙해져야 한다.

또한 스스로 편안함을 느낄 수 있는 저녁 루틴을 세워야 한다. 하루를 마무리하고 침대에 누울 준비를 해보자. 핸드폰을 보거나 일을 하다가 겨우 잠에 들지 말고 얼굴에 팩을 하거나 족욕을 하는 등 숙면을 취하는 데 도움이 되는 습관을 길러보는 것이다. 한편 주말 혹은 일주일 중 하루는 일찍 일어나지 않고 부담 없이 푹 잔다. 단, 새벽 기상에 익숙해져 저절로 일찍 눈이 떠졌다면 바로 일어나자.

2. 처음부터 무리해서 일어나지 않기

새벽 기상을 실천하겠다고 처음부터 무리해서 두세 시간씩 일찍 일어나서는 안 된다. 평소보다 30분 일찍 일어나고 그렇게 일어나는 데 익숙해지면 조금씩 그 시간을 앞으로 당겨야 한다. 나는 일주일마다 10분 간격으로 기상 시간을 앞당기는 걸 추천한다.

특히 모임이 늦게 끝났거나 갑자기 야근을 하는 등 예상치 못하게 취침을 늦게 했을 경우 다음 날에 평소보다 30분 정도 푹 자는 것을 추천한다. 하루 이틀 조금 더 잤다고 아침형 라이프스타일이 끝난 게 아니다. 오히려 무리하게 새벽 기상을 시도하다 잠이 부족해 피로가 쌓이면 아침형 라이프스타일을 유지할 수 없다. 상황에 따라 하루 정도는 더 자고 다음 날에는 꼭 평소와 같은 루틴으로 돌아오자. 또한 새벽에 일찍 일어나 점심에 너무 졸리면 15분 정도 낮잠을 자도 괜찮다. 하지만 낮잠이 습관이 되지 않도록 유의해야 한다.

3. 나만의 새벽 루틴 만들기

새벽에 눈을 뜨면 뭉그적대며 누워 있지 말고 바로 침대에서 나오자. 그리고 화장실로 향해 세수와 양치질 혹은 샤워를 한다. 피부에 촉촉하게 스킨, 로션을 바르고 침대를 정리한다. 부엌에 가서 미지근한 물을 한 잔 마시고, 좋아하는 음악을 들으며 전날 밤 플래너에 적어둔 일과를 시작한다. 잠을 깨고 새벽을 알차게 보내는 나만의 루틴을 만드는 것이다. 이때 아무도 감시하는 사람이 없다고 스스로 정한 루틴을 생략하면 안 된다. 새벽 루틴에 너무 집중해 다음 일정을 잊지 않기 위해 매 일정마다 알람을 맞추는 것이 좋다. 예를 들어 출근 준비는 6시, 아침 식사는 7시 등 스케줄을 상기하는 알람을 설정하자.

우리의 몸은 습관대로 움직인다.
일상적이지 않은 행동을 하려면 관성을 극복하기 위해
평소보다 더 적극적인 추진력과 의지력이 필요하다.
'오늘은 꼭 해야지!'라는 마음가짐 하나만으로는
자기계발은 물론 어떤 목표도 달성할 수 없다.

우리에게는 그날의 계획을 실천할 수 있도록 만들어줄
환경과 동기가 필요하다.
이 모든 건 스스로 찾아야 한다.

_《나의 하루는 4시 30분에 시작된다》

날짜	월	일	월	화	수	목	금	토	일	기상 시간		시	분	취침 시간		시	분

목표 / 다짐	자투리 시간	REMINDER

메모

주어진 시간	4	5	6	7	8	9	10	11	12	1	2	3	4	5	6	7	8	9	10	11	12	1	2	3
활동 시간																								

To Do List

날짜		월		일	월	화	수	목	금	토	일	기상 시간			시		분	취침 시간			시		분

목표 / 다짐	자투리 시간	REMINDER

메모

주어진 시간	4	5	6	7	8	9	10	11	12	1	2	3	4	5	6	7	8	9	10	11	12	1	2	3
활동 시간																								

To Do List	

날짜	월	일	월	화	수	목	금	토	일	기상 시간		시	분	취침 시간		시	분

목표 / 다짐	자투리 시간	REMINDER

메모

주어진 시간	4	5	6	7	8	9	10	11	12	1	2	3	4	5	6	7	8	9	10	11	12	1	2	3
활동 시간																								

To Do List

날짜	월	일	월	화	수	목	금	토	일	기상 시간		시	분	취침 시간		시	분

목표 / 다짐	자투리 시간	REMINDER

메모

주어진 시간	4	5	6	7	8	9	10	11	12	1	2	3	4	5	6	7	8	9	10	11	12	1	2	3
활동 시간																								

To Do List

날짜	월	일	월 화 수 목 금 토 일	기상 시간	시 분	취침 시간	시 분

목표 / 다짐	자투리 시간	REMINDER

메모

주어진 시간	4	5	6	7	8	9	10	11	12	1	2	3	4	5	6	7	8	9	10	11	12	1	2	3
활동 시간																								

To Do List

날짜		월		일	월	화	수	목	금	토	일	기상 시간			시		분	취침 시간			시		분

목표 / 다짐	자투리 시간	REMINDER

메모

주어진 시간	4	5	6	7	8	9	10	11	12	1	2	3	4	5	6	7	8	9	10	11	12	1	2	3
활동 시간																								

To Do List

날짜	월	일	월	화	수	목	금	토	일	기상 시간		시	분	취침 시간		시	분

목표 / 다짐	자투리 시간	REMINDER

메모

주어진 시간	4	5	6	7	8	9	10	11	12	1	2	3	4	5	6	7	8	9	10	11	12	1	2	3
활동 시간																								

To

Do

List

날짜	월	일	월 화 수 목 금 토 일	기상 시간	시 분	취침 시간	시 분

목표 / 다짐	자투리 시간	REMINDER

메모

주어진 시간	4	5	6	7	8	9	10	11	12	1	2	3	4	5	6	7	8	9	10	11	12	1	2	3
활동 시간																								

To Do List

날짜	월	일	월	화	수	목	금	토	일	기상 시간		시	분	취침 시간		시	분

목표 / 다짐	자투리 시간	REMINDER

메모

주어진 시간	4	5	6	7	8	9	10	11	12	1	2	3	4	5	6	7	8	9	10	11	12	1	2	3
활동 시간																								

To Do List

날짜	월 일	월 화 수 목 금 토 일	기상 시간	시 분	취침 시간	시 분

목표 / 다짐	자투리 시간	REMINDER

메모

주어진 시간	4	5	6	7	8	9	10	11	12	1	2	3	4	5	6	7	8	9	10	11	12	1	2	3
활동 시간																								

To Do List

날짜	월	일	월	화	수	목	금	토	일	기상 시간		시	분	취침 시간		시	분

목표 / 다짐	자투리 시간	REMINDER

메모

주어진 시간	4	5	6	7	8	9	10	11	12	1	2	3	4	5	6	7	8	9	10	11	12	1	2	3
활동 시간																								

To

Do

List

날짜		월	일	월	화	수	목	금	토	일	기상 시간			시	분	취침 시간			시	분

목표 / 다짐	자투리 시간	REMINDER

메모

주어진 시간	4	5	6	7	8	9	10	11	12	1	2	3	4	5	6	7	8	9	10	11	12	1	2	3
활동 시간																								

To Do List

날짜	월	일	월 화 수 목 금 토 일	기상 시간	시 분	취침 시간	시 분

목표 / 다짐	자투리 시간	REMINDER

메모

주어진 시간	4	5	6	7	8	9	10	11	12	1	2	3	4	5	6	7	8	9	10	11	12	1	2	3
활동 시간																								

To Do List

날짜	월	일	월 화 수 목 금 토 일							기상 시간		시 분		취침 시간		시 분	

목표 / 다짐	자투리 시간	REMINDER

메모

주어진 시간	4	5	6	7	8	9	10	11	12	1	2	3	4	5	6	7	8	9	10	11	12	1	2	3
활동 시간																								

To Do List	

날짜	월	일	월	화	수	목	금	토	일	기상 시간	시	분	취침 시간	시	분

목표 / 다짐	자투리 시간	REMINDER

메모

주어진 시간	4	5	6	7	8	9	10	11	12	1	2	3	4	5	6	7	8	9	10	11	12	1	2	3
활동 시간																								

To Do List

날짜	월	일	월	화	수	목	금	토	일	기상 시간		시	분	취침 시간		시	분

목표 / 다짐	자투리 시간	REMINDER

메모

주어진 시간	4	5	6	7	8	9	10	11	12	1	2	3	4	5	6	7	8	9	10	11	12	1	2	3
활동 시간																								

To Do List

| 날짜 | 월 | 일 | 월 | 화 | 수 | 목 | 금 | 토 | 일 | 기상 시간 | | 시 | 분 | 취침 시간 | | 시 | 분 |

목표 / 다짐	자투리 시간	REMINDER

메모

주어진 시간	4	5	6	7	8	9	10	11	12	1	2	3	4	5	6	7	8	9	10	11	12	1	2	3
활동 시간																								

To Do List

날짜	월	일	월	화	수	목	금	토	일	기상 시간		시	분	취침 시간		시	분

목표 / 다짐	자투리 시간	REMINDER

메모

주어진 시간	4	5	6	7	8	9	10	11	12	1	2	3	4	5	6	7	8	9	10	11	12	1	2	3
활동 시간																								

To Do List

날짜	월	일	월	화	수	목	금	토	일	기상 시간		시	분	취침 시간		시	분

목표 / 다짐	자투리 시간	REMINDER

메모

주어진 시간	4	5	6	7	8	9	10	11	12	1	2	3	4	5	6	7	8	9	10	11	12	1	2	3
활동 시간																								

To
Do
List

| 날짜 | | 월 | | 일 | | 월 | 화 | 수 | 목 | 금 | 토 | 일 | | 기상 시간 | | | 시 | | 분 | | 취침 시간 | | | 시 | | 분 |

목표 / 다짐	자투리 시간	REMINDER

메모

주어진 시간	4	5	6	7	8	9	10	11	12	1	2	3	4	5	6	7	8	9	10	11	12	1	2	3
활동 시간																								

To Do List

날짜	월	일	월	화	수	목	금	토	일	기상 시간		시	분	취침 시간		시	분

목표 / 다짐	자투리 시간	REMINDER

메모

주어진 시간	4	5	6	7	8	9	10	11	12	1	2	3	4	5	6	7	8	9	10	11	12	1	2	3
활동 시간																								

To Do List

날짜		월		일	월	화	수	목	금	토	일	기상 시간		시	분	취침 시간		시	분

목표 / 다짐	자투리 시간	REMINDER

메모

주어진 시간	4	5	6	7	8	9	10	11	12	1	2	3	4	5	6	7	8	9	10	11	12	1	2	3
활동 시간																								

To Do List

날짜		월	일	월	화	수	목	금	토	일	기상 시간			시	분		취침 시간			시	분

목표 / 다짐	자투리 시간	REMINDER

메모

주어진 시간	4	5	6	7	8	9	10	11	12	1	2	3	4	5	6	7	8	9	10	11	12	1	2	3
활동 시간																								

To Do List

날짜	월	일	월	화	수	목	금	토	일	기상 시간		시	분	취침 시간		시	분

목표 / 다짐	자투리 시간	REMINDER

메모

주어진 시간	4	5	6	7	8	9	10	11	12	1	2	3	4	5	6	7	8	9	10	11	12	1	2	3
활동 시간																								

To Do List

날짜	월	일	월	화	수	목	금	토	일	기상 시간		시	분	취침 시간		시	분

목표 / 다짐	자투리 시간	REMINDER

메모

주어진 시간	4	5	6	7	8	9	10	11	12	1	2	3	4	5	6	7	8	9	10	11	12	1	2	3
활동 시간																								

To Do List

날짜		월	일	월	화	수	목	금	토	일	기상 시간			시	분	취침 시간			시	분

목표 / 다짐	자투리 시간	REMINDER

메모

주어진 시간	4	5	6	7	8	9	10	11	12	1	2	3	4	5	6	7	8	9	10	11	12	1	2	3
활동 시간																								

To Do List

날짜	월	일	월	화	수	목	금	토	일	기상 시간		시	분	취침 시간		시	분

목표 / 다짐	자투리 시간	REMINDER

메모

주어진 시간	4	5	6	7	8	9	10	11	12	1	2	3	4	5	6	7	8	9	10	11	12	1	2	3
활동 시간																								

To Do List

날짜	월	일	월	화	수	목	금	토	일	기상 시간	시	분	취침 시간	시	분

목표 / 다짐	자투리 시간	REMINDER

메모

주어진 시간	4	5	6	7	8	9	10	11	12	1	2	3	4	5	6	7	8	9	10	11	12	1	2	3
활동 시간																								

To Do List

날짜	월	일	월	화	수	목	금	토	일	기상 시간	시	분	취침 시간	시	분

목표 / 다짐	자투리 시간	REMINDER

메모

주어진 시간	4	5	6	7	8	9	10	11	12	1	2	3	4	5	6	7	8	9	10	11	12	1	2	3
활동 시간																								

To

Do

List

| 날짜 | | 월 | | 일 | | 월 | 화 | 수 | 목 | 금 | 토 | 일 | 기상 시간 | | | 시 | | 분 | | 취침 시간 | | | | 시 | | 분 |

목표 / 다짐	자투리 시간	REMINDER

메모

주어진 시간	4	5	6	7	8	9	10	11	12	1	2	3	4	5	6	7	8	9	10	11	12	1	2	3
활동 시간																								

To Do List

날짜	월	일	월	화	수	목	금	토	일	기상 시간		시	분	취침 시간		시	분

목표 / 다짐	자투리 시간	REMINDER

메모

주어진 시간	4	5	6	7	8	9	10	11	12	1	2	3	4	5	6	7	8	9	10	11	12	1	2	3
활동 시간																								

To Do List

알람 소리는 나를 불안하게 만든다.
따라서 나는 아무 소리 없이 고요하게 하루를 시작한다.
그리고 떠오르는 태양을 보든 나무에 걸린 안개를 바라보든
더 큰 존재 안의 나의 존재를 느끼려고 한다.
이런 루틴을 통해
새들이 지저귀는 소리를 듣는 특권을 누리게 됐다.

_오프라 윈프리Oprah Winfrey, 방송인

날짜		월	일	월 화 수 목 금 토 일	기상 시간	시 분	취침 시간	시 분

목표 / 다짐	자투리 시간	REMINDER

메모

주어진 시간	4	5	6	7	8	9	10	11	12	1	2	3	4	5	6	7	8	9	10	11	12	1	2	3
활동 시간																								

To Do List

날짜	월	일	월	화	수	목	금	토	일	기상 시간		시	분	취침 시간		시	분

목표 / 다짐	자투리 시간	REMINDER

메모

주어진 시간	4	5	6	7	8	9	10	11	12	1	2	3	4	5	6	7	8	9	10	11	12	1	2	3
활동 시간																								

To Do List

날짜		월	일	월	화	수	목	금	토	일	기상 시간			시	분	취침 시간			시	분

목표 / 다짐	자투리 시간	REMINDER

메모

주어진 시간	4	5	6	7	8	9	10	11	12	1	2	3	4	5	6	7	8	9	10	11	12	1	2	3
활동 시간																								

To

Do

List

날짜	월	일	월	화	수	목	금	토	일	기상 시간		시	분	취침 시간		시	분

목표 / 다짐	자투리 시간	REMINDER

메모

주어진 시간	4	5	6	7	8	9	10	11	12	1	2	3	4	5	6	7	8	9	10	11	12	1	2	3
활동 시간																								

To Do List

날짜	월	일	월	화	수	목	금	토	일	기상 시간		시	분	취침 시간		시	분

목표 / 다짐	자투리 시간	REMINDER

메모

주어진 시간	4	5	6	7	8	9	10	11	12	1	2	3	4	5	6	7	8	9	10	11	12	1	2	3
활동 시간																								

To Do List

날짜	월	일	월 화 수 목 금 토 일	기상 시간	시 분	취침 시간	시 분

목표 / 다짐	자투리 시간	REMINDER

메모

주어진 시간	4	5	6	7	8	9	10	11	12	1	2	3	4	5	6	7	8	9	10	11	12	1	2	3
활동 시간																								

To

Do

List

날짜	월	일	월	화	수	목	금	토	일	기상 시간		시	분	취침 시간		시	분

목표 / 다짐	자투리 시간	REMINDER

메모

주어진 시간	4	5	6	7	8	9	10	11	12	1	2	3	4	5	6	7	8	9	10	11	12	1	2	3
활동 시간																								

To

Do

List

날짜		월		일	월	화	수	목	금	토	일	기상 시간			시	분	취침 시간			시	분

목표 / 다짐	자투리 시간	REMINDER

메모

주어진 시간	4	5	6	7	8	9	10	11	12	1	2	3	4	5	6	7	8	9	10	11	12	1	2	3
활동 시간																								

To Do List

날짜	월	일	월	화	수	목	금	토	일	기상 시간		시	분	취침 시간		시	분

목표 / 다짐	자투리 시간	REMINDER

메모

주어진 시간	4	5	6	7	8	9	10	11	12	1	2	3	4	5	6	7	8	9	10	11	12	1	2	3
활동 시간																								

To Do List

날짜	월	일	월	화	수	목	금	토	일	기상 시간		시	분	취침 시간		시	분

목표 / 다짐	자투리 시간	REMINDER

메모

주어진 시간	4	5	6	7	8	9	10	11	12	1	2	3	4	5	6	7	8	9	10	11	12	1	2	3
활동 시간																								

To Do List

날짜	월	일	월	화	수	목	금	토	일	기상 시간		시	분	취침 시간		시	분

목표 / 다짐	자투리 시간	REMINDER

메모

주어진 시간	4	5	6	7	8	9	10	11	12	1	2	3	4	5	6	7	8	9	10	11	12	1	2	3
활동 시간																								

To Do List

날짜	월 일	월 화 수 목 금 토 일	기상 시간	시 분	취침 시간	시 분

목표 / 다짐	자투리 시간	REMINDER

메모

주어진 시간	4	5	6	7	8	9	10	11	12	1	2	3	4	5	6	7	8	9	10	11	12	1	2	3
활동 시간																								

To

Do

List

날짜	월 일	월 화 수 목 금 토 일	기상 시간	시 분	취침 시간	시 분

목표 / 다짐	자투리 시간	REMINDER

메모

주어진 시간	4	5	6	7	8	9	10	11	12	1	2	3	4	5	6	7	8	9	10	11	12	1	2	3
활동 시간																								

To Do List

날짜		월		일	월	화	수	목	금	토	일	기상 시간			시		분	취침 시간			시		분

목표 / 다짐	자투리 시간	REMINDER

메모

주어진 시간	4	5	6	7	8	9	10	11	12	1	2	3	4	5	6	7	8	9	10	11	12	1	2	3
활동 시간																								

To Do List

날짜	월 일	월 화 수 목 금 토 일	기상 시간	시 분	취침 시간	시 분

목표 / 다짐	자투리 시간	REMINDER

메모

주어진 시간	4	5	6	7	8	9	10	11	12	1	2	3	4	5	6	7	8	9	10	11	12	1	2	3
활동 시간																								

To Do List

날짜		월		일	월	화	수	목	금	토	일	기상 시간		시	분	취침 시간		시	분

목표 / 다짐	자투리 시간	REMINDER

메모

주어진 시간	4	5	6	7	8	9	10	11	12	1	2	3	4	5	6	7	8	9	10	11	12	1	2	3
활동 시간																								

To Do List

날짜	월	일	월 화 수 목 금 토 일	기상 시간	시 분	취침 시간	시 분

목표 / 다짐	자투리 시간	REMINDER

메모

주어진 시간	4	5	6	7	8	9	10	11	12	1	2	3	4	5	6	7	8	9	10	11	12	1	2	3
활동 시간																								

To Do List

날짜		월		일	월	화	수	목	금	토	일	기상 시간			시	분	취침 시간		시	분

목표 / 다짐	자투리 시간	REMINDER

메모

주어진 시간	4	5	6	7	8	9	10	11	12	1	2	3	4	5	6	7	8	9	10	11	12	1	2	3
활동 시간																								

To Do List

날짜	월	일	월	화	수	목	금	토	일	기상 시간		시	분	취침 시간		시	분

목표 / 다짐	자투리 시간	REMINDER

메모

주어진 시간	4	5	6	7	8	9	10	11	12	1	2	3	4	5	6	7	8	9	10	11	12	1	2	3
활동 시간																								

To Do List

날짜	월 일	월 화 수 목 금 토 일	기상 시간	시 분	취침 시간	시 분

목표 / 다짐	자투리 시간	REMINDER

메모

주어진 시간	4	5	6	7	8	9	10	11	12	1	2	3	4	5	6	7	8	9	10	11	12	1	2	3
활동 시간																								

To Do List

날짜	월	일	월	화	수	목	금	토	일	기상 시간		시	분	취침 시간		시	분

목표 / 다짐	자투리 시간	REMINDER

메모

주어진 시간	4	5	6	7	8	9	10	11	12	1	2	3	4	5	6	7	8	9	10	11	12	1	2	3
활동 시간																								

To Do List

날짜		월	일	월	화	수	목	금	토	일	기상 시간			시	분	취침 시간			시	분

목표 / 다짐	자투리 시간	REMINDER

메모

주어진 시간	4	5	6	7	8	9	10	11	12	1	2	3	4	5	6	7	8	9	10	11	12	1	2	3
활동 시간																								

To Do List

날짜		월		일		월	화	수	목	금	토	일		기상 시간		시	분		취침 시간		시	분

목표 / 다짐	자투리 시간	REMINDER

메모

주어진 시간	4	5	6	7	8	9	10	11	12	1	2	3	4	5	6	7	8	9	10	11	12	1	2	3
활동 시간																								

To Do List

날짜		월		일		월	화	수	목	금	토	일	기상 시간			시		분	취침 시간			시		분

목표 / 다짐	자투리 시간	REMINDER

메모

주어진 시간	4	5	6	7	8	9	10	11	12	1	2	3	4	5	6	7	8	9	10	11	12	1	2	3
활동 시간																								

To Do List

날짜	월	일	월	화	수	목	금	토	일	기상 시간		시	분	취침 시간		시	분

목표 / 다짐	자투리 시간	REMINDER

메모

주어진 시간	4	5	6	7	8	9	10	11	12	1	2	3	4	5	6	7	8	9	10	11	12	1	2	3
활동 시간																								

To Do List

날짜	월 일	월 화 수 목 금 토 일	기상 시간	시 분	취침 시간	시 분

목표 / 다짐	자투리 시간	REMINDER

메모

주어진 시간	4	5	6	7	8	9	10	11	12	1	2	3	4	5	6	7	8	9	10	11	12	1	2	3
활동 시간																								

To Do List

날짜	월	일	월	화	수	목	금	토	일	기상 시간		시	분	취침 시간		시	분

목표 / 다짐	자투리 시간	REMINDER

메모

주어진 시간	4	5	6	7	8	9	10	11	12	1	2	3	4	5	6	7	8	9	10	11	12	1	2	3
활동 시간																								

To Do List

날짜	월	일	월 화 수 목 금 토 일	기상 시간	시 분	취침 시간	시 분

목표 / 다짐	자투리 시간	REMINDER

메모

주어진 시간	4	5	6	7	8	9	10	11	12	1	2	3	4	5	6	7	8	9	10	11	12	1	2	3
활동 시간																								

To Do List

날짜	월	일	월	화	수	목	금	토	일	기상 시간		시	분	취침 시간		시	분

목표 / 다짐	자투리 시간	REMINDER

메모

주어진 시간	4	5	6	7	8	9	10	11	12	1	2	3	4	5	6	7	8	9	10	11	12	1	2	3
활동 시간																								

To Do List

날짜	월	일	월	화	수	목	금	토	일	기상 시간		시	분	취침 시간		시	분

목표 / 다짐	자투리 시간	REMINDER

메모

주어진 시간	4	5	6	7	8	9	10	11	12	1	2	3	4	5	6	7	8	9	10	11	12	1	2	3
활동 시간																								

To Do List

날짜	월	일	월	화	수	목	금	토	일	기상 시간	시	분	취침 시간	시	분

목표 / 다짐	자투리 시간	REMINDER

메모

주어진 시간	4	5	6	7	8	9	10	11	12	1	2	3	4	5	6	7	8	9	10	11	12	1	2	3
활동 시간																								

To Do List

자기계발을 할 때는 "멀리 가려면 같이 가라"는 말이
적용되지 않는다.
진짜로 발전하고 싶다면 외부 소음을 차단하고
내 안의 자기계발 모드의 스위치를 켜야 한다.

우리에게는 모두 각자 적합한 학습 방식과 페이스가 있다.
그리고 너무 빠르지도, 느리지도 않게
나만의 속도에 맞춰 나가야
슬럼프에 빠지지 않고 꾸준히 발전할 수 있다.

_《나의 하루는 4시 30분에 시작된다》

날짜		월	일	월	화	수	목	금	토	일	기상 시간		시	분	취침 시간		시	분

목표 / 다짐	자투리 시간	REMINDER

메모

주어진 시간	4	5	6	7	8	9	10	11	12	1	2	3	4	5	6	7	8	9	10	11	12	1	2	3
활동 시간																								

To

Do

List

날짜	월	일	월	화	수	목	금	토	일	기상 시간		시	분	취침 시간		시	분

목표 / 다짐	자투리 시간	REMINDER

메모

주어진 시간	4	5	6	7	8	9	10	11	12	1	2	3	4	5	6	7	8	9	10	11	12	1	2	3
활동 시간																								

To

Do

List

날짜	월	일	월	화	수	목	금	토	일	기상 시간		시	분	취침 시간		시	분

목표 / 다짐	자투리 시간	REMINDER

메모

주어진 시간	4	5	6	7	8	9	10	11	12	1	2	3	4	5	6	7	8	9	10	11	12	1	2	3
활동 시간																								

To Do List

날짜	월	일	월 화 수 목 금 토 일	기상 시간	시 분	취침 시간	시 분

목표 / 다짐	자투리 시간	REMINDER

메모

주어진 시간	4	5	6	7	8	9	10	11	12	1	2	3	4	5	6	7	8	9	10	11	12	1	2	3
활동 시간																								

To Do List

날짜	월	일	월	화	수	목	금	토	일	기상 시간		시	분	취침 시간		시	분

목표 / 다짐	자투리 시간	REMINDER

메모

주어진 시간	4	5	6	7	8	9	10	11	12	1	2	3	4	5	6	7	8	9	10	11	12	1	2	3
활동 시간																								

To Do List

날짜	월	일	월 화 수 목 금 토 일	기상 시간	시 분	취침 시간	시 분

목표 / 다짐	자투리 시간	REMINDER

메모

주어진 시간	4	5	6	7	8	9	10	11	12	1	2	3	4	5	6	7	8	9	10	11	12	1	2	3
활동 시간																								

To Do List

날짜		월	일	월	화	수	목	금	토	일	기상 시간		시	분	취침 시간		시	분

목표 / 다짐	자투리 시간	REMINDER

메모

주어진 시간	4	5	6	7	8	9	10	11	12	1	2	3	4	5	6	7	8	9	10	11	12	1	2	3
활동 시간																								

To Do List

날짜	월	일	월 화 수 목 금 토 일	기상 시간	시 분	취침 시간	시 분

목표 / 다짐	자투리 시간	REMINDER

메모

주어진 시간	4	5	6	7	8	9	10	11	12	1	2	3	4	5	6	7	8	9	10	11	12	1	2	3
활동 시간																								

To

Do

List

날짜	월	일	월	화	수	목	금	토	일	기상 시간	시	분	취침 시간	시	분

목표 / 다짐	자투리 시간	REMINDER

메모

주어진 시간	4	5	6	7	8	9	10	11	12	1	2	3	4	5	6	7	8	9	10	11	12	1	2	3
활동 시간																								

To Do List

날짜	월	일	월	화	수	목	금	토	일	기상 시간		시	분	취침 시간		시	분

목표 / 다짐	자투리 시간	REMINDER

메모

주어진 시간	4	5	6	7	8	9	10	11	12	1	2	3	4	5	6	7	8	9	10	11	12	1	2	3
활동 시간																								

To Do List

날짜	월 일	월 화 수 목 금 토 일	기상 시간	시 분	취침 시간	시 분
	목표 / 다짐		자투리 시간		REMINDER	

메모

주어진 시간	4	5	6	7	8	9	10	11	12	1	2	3	4	5	6	7	8	9	10	11	12	1	2	3
활동 시간																								

To

Do

List

날짜	월	일	월	화	수	목	금	토	일	기상 시간		시	분	취침 시간		시	분

목표 / 다짐	자투리 시간	REMINDER

메모

주어진 시간	4	5	6	7	8	9	10	11	12	1	2	3	4	5	6	7	8	9	10	11	12	1	2	3
활동 시간																								

To Do List

| 날짜 | 월 | 일 | 월 | 화 | 수 | 목 | 금 | 토 | 일 | 기상 시간 | | 시 | 분 | 취침 시간 | | 시 | 분 |

목표 / 다짐	자투리 시간	REMINDER

메모

주어진 시간	4	5	6	7	8	9	10	11	12	1	2	3	4	5	6	7	8	9	10	11	12	1	2	3
활동 시간																								

To

Do

List

날짜	월	일	월	화	수	목	금	토	일	기상 시간		시	분	취침 시간		시	분

목표 / 다짐	자투리 시간	REMINDER

메모

주어진 시간	4	5	6	7	8	9	10	11	12	1	2	3	4	5	6	7	8	9	10	11	12	1	2	3
활동 시간																								

To Do List	

날짜	월 일	월 화 수 목 금 토 일	기상 시간	시 분	취침 시간	시 분

목표 / 다짐	자투리 시간	REMINDER

메모

주어진 시간	4	5	6	7	8	9	10	11	12	1	2	3	4	5	6	7	8	9	10	11	12	1	2	3
활동 시간																								

To Do List

날짜	월	일	월	화	수	목	금	토	일	기상 시간		시	분	취침 시간		시	분

목표 / 다짐	자투리 시간	REMINDER

메모

주어진 시간	4	5	6	7	8	9	10	11	12	1	2	3	4	5	6	7	8	9	10	11	12	1	2	3
활동 시간																								

To Do List

날짜	월 일	월 화 수 목 금 토 일	기상 시간	시 분	취침 시간	시 분

목표 / 다짐	자투리 시간	REMINDER

메모

주어진 시간	4	5	6	7	8	9	10	11	12	1	2	3	4	5	6	7	8	9	10	11	12	1	2	3
활동 시간																								

To

Do

List

날짜	월	일	월 화 수 목 금 토 일	기상 시간	시 분	취침 시간	시 분

목표 / 다짐	자투리 시간	REMINDER

메모

주어진 시간	4	5	6	7	8	9	10	11	12	1	2	3	4	5	6	7	8	9	10	11	12	1	2	3
활동 시간																								

To Do List

날짜		월		일	월	화	수	목	금	토	일	기상 시간			시	분	취침 시간			시	분

목표 / 다짐	자투리 시간	REMINDER

메모

주어진 시간	4	5	6	7	8	9	10	11	12	1	2	3	4	5	6	7	8	9	10	11	12	1	2	3
활동 시간																								

To Do List

날짜		월	일	월	화	수	목	금	토	일	기상 시간			시	분		취침 시간			시	분	

목표 / 다짐	자투리 시간	REMINDER

메모

주어진 시간	4	5	6	7	8	9	10	11	12	1	2	3	4	5	6	7	8	9	10	11	12	1	2	3
활동 시간																								

To Do List

날짜	월	일	월	화	수	목	금	토	일	기상 시간		시	분	취침 시간		시	분

목표 / 다짐	자투리 시간	REMINDER

메모

주어진 시간	4	5	6	7	8	9	10	11	12	1	2	3	4	5	6	7	8	9	10	11	12	1	2	3
활동 시간																								

To Do List

| 날짜 | | 월 | | 일 | 월 | 화 | 수 | 목 | 금 | 토 | 일 | 기상 시간 | | | 시 | | 분 | 취침 시간 | | | 시 | | 분 |

목표 / 다짐	자투리 시간	REMINDER

메모

주어진 시간	4	5	6	7	8	9	10	11	12	1	2	3	4	5	6	7	8	9	10	11	12	1	2	3
활동 시간																								

To Do List

날짜	월	일	월	화	수	목	금	토	일	기상 시간		시	분	취침 시간		시	분

목표 / 다짐	자투리 시간	REMINDER

메모

주어진 시간	4	5	6	7	8	9	10	11	12	1	2	3	4	5	6	7	8	9	10	11	12	1	2	3
활동 시간																								

To Do List

날짜		월	일	월	화	수	목	금	토	일	기상 시간			시		분	취침 시간			시		분

목표 / 다짐	자투리 시간	REMINDER

메모

주어진 시간	4	5	6	7	8	9	10	11	12	1	2	3	4	5	6	7	8	9	10	11	12	1	2	3
활동 시간																								

To Do List

날짜	월	일	월	화	수	목	금	토	일	기상 시간		시	분	취침 시간		시	분

목표 / 다짐	자투리 시간	REMINDER

메모

주어진 시간	4	5	6	7	8	9	10	11	12	1	2	3	4	5	6	7	8	9	10	11	12	1	2	3
활동 시간																								

To Do List

날짜		월		일	월	화	수	목	금	토	일	기상 시간		시	분	취침 시간		시	분

목표 / 다짐	자투리 시간	REMINDER

메모

주어진 시간	4	5	6	7	8	9	10	11	12	1	2	3	4	5	6	7	8	9	10	11	12	1	2	3
활동 시간																								

To Do List

날짜	월	일	월	화	수	목	금	토	일	기상 시간		시	분	취침 시간		시	분

목표 / 다짐	자투리 시간	REMINDER

메모

주어진 시간	4	5	6	7	8	9	10	11	12	1	2	3	4	5	6	7	8	9	10	11	12	1	2	3
활동 시간																								

To

Do

List

날짜		월		일	월	화	수	목	금	토	일	기상 시간			시		분	취침 시간				시		분

목표 / 다짐	자투리 시간	REMINDER

메모

주어진 시간	4	5	6	7	8	9	10	11	12	1	2	3	4	5	6	7	8	9	10	11	12	1	2	3
활동 시간																								

To Do List

날짜	월 일	월 화 수 목 금 토 일	기상 시간	시 분	취침 시간	시 분

목표 / 다짐	자투리 시간	REMINDER

메모

주어진 시간	4	5	6	7	8	9	10	11	12	1	2	3	4	5	6	7	8	9	10	11	12	1	2	3
활동 시간																								

To Do List

| 날짜 | | 월 | | 일 | 월 | 화 | 수 | 목 | 금 | 토 | 일 | 기상 시간 | | | 시 | | 분 | 취침 시간 | | | | 시 | | 분 |

목표 / 다짐	자투리 시간	REMINDER

메모

주어진 시간	4	5	6	7	8	9	10	11	12	1	2	3	4	5	6	7	8	9	10	11	12	1	2	3
활동 시간																								

To Do List

CHAPTER 7.
꾸준함의 비법

새로운 결심을 할 때 처음에는 늘 의욕이 넘친다. 하지만 얼마 지나지 않아 이런저런 이유로 마음이 느슨해지고 목표도 희미해지는 경우가 많다. 새벽에 일찍 일어나는 게 점점 힘들어지고 헬스장 회비는 결국 기부금이 돼버린다. 오랜만에 구입한 책은 가방 속에서 애물단지가 되고 그런 자신이 한심해 자괴감에 빠진다. 그렇다면 이상적인 생활 습관을 만들고 원하는 목표를 달성하기 위해 끈기 있게 노력하는 비결은 무엇일까?

1. 기간 정하기

거창한 목표를 무기한으로 달성하려고 하지 말고 작은 목표를 명확한 기간 안에 달성하려고 노력해보

자. 사람마다 다르겠지만 보통 한 달 정도 매일 똑같은 행동을 반복하면 익숙해진다. 그러니 우선 한 달은 무언가를 꾸준히 해보겠다는 계획을 세워보자. 이렇게 기간을 정해놓으면 그 기간이 끝나고 전과 후의 모습을 비교해볼 수 있기 때문에 더욱 의욕을 가질 수 있다. 또한 마음먹은 기간이 끝나자마자 바로 또 새로운 목표를 정하기보다 2~3일 정도 휴식을 취하고 새로운 마음으로 도전을 시작하자.

2. 운동(건강)을 우선순위에 두기

무엇을 하든 건강이 우선이다. 체력이 뒷받침돼야 강한 의지, 집중력, 정신력을 발휘할 수 있다. 개인적으로 아침에 일어나서 운동으로 하루를 시작하는 것을 추천한다. 물론 그렇다고 해서 꼭 하루를 시작하기 전에 운동을 해야 한다는 뜻이 아니다. 오전이든 오후든 그날의 운동을 미루지 말자. 처음에는 운동을 하면 피곤하겠지만 꾸준히 하다 보면 체력이 좋아지면서 어느 순간 활력이 생길 것이다.

3. 최종 목표는 혼자만 알고 있기

이 팁은 사람마다 차이가 있다. 여기저기 소문을 내야만 억지로라도 목표를 실천하는 사람이 있는 반면, 어떻게 돼가느냐는 타인의 관심이 부담스러워 소극적으로 행동해버리는 사람도 있다. 어떤 타입이든 말로만 하는 자기계발은 자제하자. 목표는 언제든지 바뀔 수 있다. 때로는 방향을 바꾸기도 하고, 속도를

늦추기도 하고, 아예 새로운 목표를 설정할 때도 있다. 그런데 매번 다른 사람들에게 목표를 보고하면 생각보다 에너지를 많이 소비하게 된다. '사람들이 날 어떻게 보겠어?'라는 생각에 얽매이지 말고 내가 정한 목표만 묵묵히 바라보고 질주하자.

4. 결과보다는 어제와 다른 자신을 칭찬하기

목표에 도달하기 전까지는 많은 오르막길과 내리막길이 있다. 맨발로 등산하듯 고통스럽게 올라가야 할 때도 있지만, 자신만의 방식을 터득하고 요령이 생겨 험한 길을 무사히 지나갈 때도 있다. 이런 모든 과정을 자랑스럽게 여기자.

때로는 스스로 보기에 변화가 없을 수 있다. 즉각적인 보상이 없을 수도 있다. 돌아가거나 너무 천천히 간다는 생각이 들기도 한다. 하지만 도착점에 가까워지는 자신의 모습을 잊어서는 안 된다. 조금씩 달성해나가는 목표에 포커스를 두며 즐거움을 찾아보자. 매일 비슷해 보여도 투자하는 만큼 노력이 쌓여 새로운 결과를 안겨줄 것이다.

5. 일주일에 한 번은 푹 쉬기

달리는 것만큼 휴식도 중요하다. 앞으로 필요한 에너지를 충분히 충전해야 지치지 않고 꾸준히 목표를 향해 나아갈 수 있다. 일주일에 한 번 정도는 푹 쉬자. 온종일 자는 것도 좋고, 맛있는 음식을 먹는 것도 좋다. 친구들을 만나고 평소 누리지 못했던 일상의 여

유를 즐겨보는 것도 좋다. 이렇게 쉬는 시간이 보장돼 있으면 더욱 오래 달릴 수 있다.

6. 일정한 생활 패턴 확보하기

매일 비슷한 시간에 기상하고 식사하고 공부하고 일하고 취침하면 몸도 그 패턴에 적응이 된다. 그러면 일상에 안정감을 얻게 되고 새로운 목표에 도전하는 것도 수월해진다.

또 다른 목표를 세울 때마다 그에 맞춰 생활 패턴도 조금씩 바꿔 새로운 루틴을 만들어보자. 처음에는 적응하는 데 시간이 걸리겠지만 하루하루 지날수록 조금씩 변화를 느낄 것이다. 그리고 그 패턴에 익숙해지면 새로운 목표를 추가해보자.

7. 플래너로 일상 관찰하기

내가 오늘 어떤 하루를 보냈는지, 무슨 일을 끝냈고 자유 시간에 무엇을 했는지, 내일은 무엇을 해야 하는지 등 나의 일상을 한눈에 파악하면 틈새 시간도 낭비하지 않고 하루를 알차게 활용할 수 있다. 나에게 얼마큼 여유가 있는지 직접 확인할 수 있기 때문이다. 플래너를 통해 아침에 일정을 점검하고 저녁에 그날을 천천히 되돌아보자. 스스로 부족하다고 느꼈던 부분은 물론 무엇을 달성했는지 바로 확인할 수 있어 새로운 동기를 부여받을 것이다.

8. 나와의 약속과 잠깐의 즐거움을 교환하지 않기

나만의 계획이 있음에도 더 재미있는 일에 순간적

으로 유혹당할 때가 있다. 물론 중요한 행사에 참석하거나 가끔 사람들과 즐거운 시간을 갖는 것은 문제가 되지 않는다. 하지만 매번 잠깐의 즐거움과 나와의 약속을 맞바꾼다면 어떤 일도 꾸준하게 실천하기 어렵다. 목표를 달성하겠다고 스스로 정해둔 기간 동안은 온전히 나에게만 집중해보자. 자신을 다른 사람보다 우선순위에 두는 데 죄책감을 갖지 말아야 한다. 만약 그것이 이기적인 행동이라면 가끔은 이기적으로 사는 것도 나쁘지 않다.

9. 다른 사람에게 휘둘리지 않기

목표를 달성하기 위해서는 최대한 나 자신에게 맞춰진 하루를 살아야 한다. 매번 다른 사람의 일정, 시간, 방식에 맞추다 보면 나도 모르게 에너지를 소비해 어느 순간 피곤함이 몰려온다. 다른 사람이 나를 위해 무언가 해줄 것이라는 기대도 버려야 한다. 인생에 변화를 주기 위해서는 타인을 만족시키려고 하지 말고 온전히 나에게만 집중할 수 있는 환경을 만들어야 한다.

아침에 일어났을 때
미래가 더 나아질 것 같다면
그날은 좋은 날이다.
그런 생각이 들지 않는다면
좋지 않은 날이다.

하루의 스케줄을 계획할 때는
냉정하게 우선순위를 정한다.
잡음 너머의 신호에 집중하라.
실제로 상황을 좋아지게 만들지 않는 일에
시간을 낭비하지 마라.

_일론 머스크Elon Musk, 테슬라Tesla CEO

날짜	월 일	월 화 수 목 금 토 일	기상 시간	시 분	취침 시간	시 분

목표 / 다짐	자투리 시간	REMINDER

메모

주어진 시간	4	5	6	7	8	9	10	11	12	1	2	3	4	5	6	7	8	9	10	11	12	1	2	3
활동 시간																								

To Do List

날짜	월	일	월	화	수	목	금	토	일	기상 시간		시	분	취침 시간		시	분

목표 / 다짐	자투리 시간	REMINDER

메모

주어진 시간	4	5	6	7	8	9	10	11	12	1	2	3	4	5	6	7	8	9	10	11	12	1	2	3
활동 시간																								

To

Do

List

날짜	월 일	월 화 수 목 금 토 일	기상 시간	시 분	취침 시간	시 분

목표 / 다짐	자투리 시간	REMINDER

메모

주어진 시간	4	5	6	7	8	9	10	11	12	1	2	3	4	5	6	7	8	9	10	11	12	1	2	3
활동 시간																								

To
Do
List

날짜		월	일	월	화	수	목	금	토	일	기상 시간			시	분	취침 시간			시	분

목표 / 다짐	자투리 시간	REMINDER

메모

주어진 시간	4	5	6	7	8	9	10	11	12	1	2	3	4	5	6	7	8	9	10	11	12	1	2	3
활동 시간																								

To Do List

날짜	월 일	월 화 수 목 금 토 일	기상 시간	시 분	취침 시간	시 분

목표 / 다짐	자투리 시간	REMINDER

메모

주어진 시간	4	5	6	7	8	9	10	11	12	1	2	3	4	5	6	7	8	9	10	11	12	1	2	3
활동 시간																								

To Do List

날짜	월 일	월 화 수 목 금 토 일	기상 시간	시 분	취침 시간	시 분

목표 / 다짐	자투리 시간	REMINDER

메모

주어진 시간	4	5	6	7	8	9	10	11	12	1	2	3	4	5	6	7	8	9	10	11	12	1	2	3
활동 시간																								

To
Do
List

날짜	월	일	월 화 수 목 금 토 일	기상 시간	시 분	취침 시간	시 분

목표 / 다짐	자투리 시간	REMINDER

메모

주어진 시간	4	5	6	7	8	9	10	11	12	1	2	3	4	5	6	7	8	9	10	11	12	1	2	3
활동 시간																								

To
Do
List

| 날짜 | 월 | 일 | 월 | 화 | 수 | 목 | 금 | 토 | 일 | 기상 시간 | | 시 | 분 | 취침 시간 | | 시 | 분 |

목표 / 다짐	자투리 시간	REMINDER

메모

주어진 시간	4	5	6	7	8	9	10	11	12	1	2	3	4	5	6	7	8	9	10	11	12	1	2	3
활동 시간																								

To Do List	

날짜	월	일	월	화	수	목	금	토	일	기상 시간		시	분	취침 시간		시	분

목표 / 다짐	자투리 시간	REMINDER

메모

주어진 시간	4	5	6	7	8	9	10	11	12	1	2	3	4	5	6	7	8	9	10	11	12	1	2	3
활동 시간																								

To Do List

| 날짜 | | 월 | 일 | 월 화 수 목 금 토 일 | | | 기상 시간 | | 시 | 분 | | 취침 시간 | | 시 | 분 |

목표 / 다짐	자투리 시간	REMINDER

메모

주어진 시간	4	5	6	7	8	9	10	11	12	1	2	3	4	5	6	7	8	9	10	11	12	1	2	3
활동 시간																								

To

Do

List

날짜	월	일	월 화 수 목 금 토 일	기상 시간	시 분	취침 시간	시 분

목표 / 다짐	자투리 시간	REMINDER

메모

주어진 시간	4	5	6	7	8	9	10	11	12	1	2	3	4	5	6	7	8	9	10	11	12	1	2	3
활동 시간																								

To
Do
List

날짜	월	일	월	화	수	목	금	토	일	기상 시간		시	분	취침 시간		시	분

목표 / 다짐	자투리 시간	REMINDER

메모

주어진 시간	4	5	6	7	8	9	10	11	12	1	2	3	4	5	6	7	8	9	10	11	12	1	2	3
활동 시간																								

To Do List	

날짜	월	일	월 화 수 목 금 토 일	기상 시간	시 분	취침 시간	시 분

목표 / 다짐	자투리 시간	REMINDER

메모

주어진 시간	4	5	6	7	8	9	10	11	12	1	2	3	4	5	6	7	8	9	10	11	12	1	2	3
활동 시간																								

To Do List

날짜		월 일	월 화 수 목 금 토 일								기상 시간			시 분		취침 시간			시 분

목표 / 다짐	자투리 시간	REMINDER

메모

주어진 시간	4	5	6	7	8	9	10	11	12	1	2	3	4	5	6	7	8	9	10	11	12	1	2	3
활동 시간																								

To
Do
List

날짜		월		일	월	화	수	목	금	토	일	기상 시간			시		분	취침 시간			시		분

목표 / 다짐	자투리 시간	REMINDER

메모

주어진 시간	4	5	6	7	8	9	10	11	12	1	2	3	4	5	6	7	8	9	10	11	12	1	2	3
활동 시간																								

To Do List

날짜		월		일	월	화	수	목	금	토	일	기상 시간			시		분	취침 시간			시		분

목표 / 다짐	자투리 시간	REMINDER

메모

주어진 시간	4	5	6	7	8	9	10	11	12	1	2	3	4	5	6	7	8	9	10	11	12	1	2	3
활동 시간																								

To Do List

날짜	월	일	월 화 수 목 금 토 일	기상 시간	시 분	취침 시간	시 분

목표 / 다짐	자투리 시간	REMINDER

메모

주어진 시간	4	5	6	7	8	9	10	11	12	1	2	3	4	5	6	7	8	9	10	11	12	1	2	3
활동 시간																								

To Do List

날짜	월 일	월 화 수 목 금 토 일	기상 시간	시 분	취침 시간	시 분

목표 / 다짐	자투리 시간	REMINDER

메모

주어진 시간	4	5	6	7	8	9	10	11	12	1	2	3	4	5	6	7	8	9	10	11	12	1	2	3
활동 시간																								

To Do List

날짜	월 일	월 화 수 목 금 토 일	기상 시간	시 분	취침 시간	시 분

목표 / 다짐	자투리 시간	REMINDER

메모

주어진 시간	4	5	6	7	8	9	10	11	12	1	2	3	4	5	6	7	8	9	10	11	12	1	2	3
활동 시간																								

To Do List

날짜	월	일	월 화 수 목 금 토 일	기상 시간	시 분	취침 시간	시 분

목표 / 다짐	자투리 시간	REMINDER

메모

주어진 시간	4	5	6	7	8	9	10	11	12	1	2	3	4	5	6	7	8	9	10	11	12	1	2	3
활동 시간																								

To Do List

날짜	월 일	월 화 수 목 금 토 일	기상 시간	시 분	취침 시간	시 분

목표 / 다짐	자투리 시간	REMINDER

메모

주어진 시간	4	5	6	7	8	9	10	11	12	1	2	3	4	5	6	7	8	9	10	11	12	1	2	3
활동 시간																								

To Do List

날짜	월	일	월 화 수 목 금 토 일	기상 시간	시 분	취침 시간	시 분
목표 / 다짐				자투리 시간		REMINDER	

메모

주어진 시간	4	5	6	7	8	9	10	11	12	1	2	3	4	5	6	7	8	9	10	11	12	1	2	3
활동 시간																								

To Do List

날짜	월 일	월 화 수 목 금 토 일	기상 시간	시 분	취침 시간	시 분

목표 / 다짐	자투리 시간	REMINDER

메모

주어진 시간	4	5	6	7	8	9	10	11	12	1	2	3	4	5	6	7	8	9	10	11	12	1	2	3
활동 시간																								

To Do List

날짜	월 일	월 화 수 목 금 토 일	기상 시간	시 분	취침 시간	시 분

목표 / 다짐	자투리 시간	REMINDER

메모

주어진 시간	4	5	6	7	8	9	10	11	12	1	2	3	4	5	6	7	8	9	10	11	12	1	2	3
활동 시간																								

To Do List

날짜	월	일	월	화	수	목	금	토	일	기상 시간		시	분	취침 시간		시	분

목표 / 다짐	자투리 시간	REMINDER

메모

주어진 시간	4	5	6	7	8	9	10	11	12	1	2	3	4	5	6	7	8	9	10	11	12	1	2	3
활동 시간																								

To Do List

날짜	월	일	월 화 수 목 금 토 일	기상 시간	시 분	취침 시간	시 분

목표 / 다짐	자투리 시간	REMINDER

메모

주어진 시간	4	5	6	7	8	9	10	11	12	1	2	3	4	5	6	7	8	9	10	11	12	1	2	3
활동 시간																								

To Do List

날짜	월	일	월 화 수 목 금 토 일	기상 시간	시 분	취침 시간	시 분

목표 / 다짐	자투리 시간	REMINDER

메모

주어진 시간	4	5	6	7	8	9	10	11	12	1	2	3	4	5	6	7	8	9	10	11	12	1	2	3
활동 시간																								

To Do List

날짜		월	일	월	화	수	목	금	토	일	기상 시간			시	분	취침 시간			시	분

목표 / 다짐	자투리 시간	REMINDER

메모

주어진 시간	4	5	6	7	8	9	10	11	12	1	2	3	4	5	6	7	8	9	10	11	12	1	2	3
활동 시간																								

To Do List

날짜	월 일	월 화 수 목 금 토 일	기상 시간	시 분	취침 시간	시 분

목표 / 다짐	자투리 시간	REMINDER

메모

주어진 시간	4	5	6	7	8	9	10	11	12	1	2	3	4	5	6	7	8	9	10	11	12	1	2	3
활동 시간																								

To Do List

날짜		월		일	월	화	수	목	금	토	일	기상 시간		시		분	취침 시간			시		분

목표 / 다짐	자투리 시간	REMINDER

메모

주어진 시간	4	5	6	7	8	9	10	11	12	1	2	3	4	5	6	7	8	9	10	11	12	1	2	3
활동 시간																								

To Do List

날짜	월	일	월 화 수 목 금 토 일	기상 시간	시 분	취침 시간	시 분

목표 / 다짐	자투리 시간	REMINDER

메모

주어진 시간	4	5	6	7	8	9	10	11	12	1	2	3	4	5	6	7	8	9	10	11	12	1	2	3
활동 시간																								

To Do List

인생을 바꾸고 싶다면 아무리 사소한 목표일지라도
한 번에 손쉽게 이뤄지길 기대하는 태도는 버려야 한다.
행운을 기대하지 않고 다른 사람들의 이야기가 아닌
나의 목소리에 귀 기울이며 조금씩 스스로를 발전시키다 보면
예전과는 다른 기회가 찾아온다.

늘 나와는 상관없다고 여겼던 기회가 다가온 순간
조용히, 묵묵히 변화해온 당신이 해야 할 것은
단지 그 기회를 놓치지 않는 것뿐이다.

_《나의 하루는 4시 30분에 시작된다》

날짜	월	일	월 화 수 목 금 토 일	기상 시간	시 분	취침 시간	시 분

목표 / 다짐	자투리 시간	REMINDER

메모

주어진 시간	4	5	6	7	8	9	10	11	12	1	2	3	4	5	6	7	8	9	10	11	12	1	2	3
활동 시간																								

To Do List

날짜	월 일	월 화 수 목 금 토 일	기상 시간	시 분	취침 시간	시 분

목표 / 다짐	자투리 시간	REMINDER

메모

주어진 시간	4	5	6	7	8	9	10	11	12	1	2	3	4	5	6	7	8	9	10	11	12	1	2	3
활동 시간																								

To
Do
List

날짜		월		일	월	화	수	목	금	토	일	기상 시간		시	분	취침 시간		시	분

목표 / 다짐	자투리 시간	REMINDER

메모

주어진 시간	4	5	6	7	8	9	10	11	12	1	2	3	4	5	6	7	8	9	10	11	12	1	2	3
활동 시간																								

To Do List

날짜		월		일	월	화	수	목	금	토	일	기상 시간			시		분	취침 시간				시		분

목표 / 다짐	자투리 시간	REMINDER

메모

주어진 시간	4	5	6	7	8	9	10	11	12	1	2	3	4	5	6	7	8	9	10	11	12	1	2	3
활동 시간																								

To Do List

날짜		월	일	월	화	수	목	금	토	일	기상 시간			시	분	취침 시간			시	분

목표 / 다짐	자투리 시간	REMINDER

메모

주어진 시간	4	5	6	7	8	9	10	11	12	1	2	3	4	5	6	7	8	9	10	11	12	1	2	3
활동 시간																								

To Do List

날짜		월		일		월	화	수	목	금	토	일	기상 시간			시	분		취침 시간			시	분

목표 / 다짐	자투리 시간	REMINDER

메모

주어진 시간	4	5	6	7	8	9	10	11	12	1	2	3	4	5	6	7	8	9	10	11	12	1	2	3
활동 시간																								

To Do List

날짜	월 일	월 화 수 목 금 토 일	기상 시간	시 분	취침 시간	시 분

목표 / 다짐	자투리 시간	REMINDER

메모

주어진 시간	4	5	6	7	8	9	10	11	12	1	2	3	4	5	6	7	8	9	10	11	12	1	2	3
활동 시간																								

To Do List

날짜	월	일	월 화 수 목 금 토 일	기상 시간	시 분	취침 시간	시 분

목표 / 다짐	자투리 시간	REMINDER

메모

주어진 시간	4	5	6	7	8	9	10	11	12	1	2	3	4	5	6	7	8	9	10	11	12	1	2	3
활동 시간																								

To
Do
List

날짜		월	일	월	화	수	목	금	토	일	기상 시간			시	분	취침 시간				시	분

목표 / 다짐	자투리 시간	REMINDER

메모

주어진 시간	4	5	6	7	8	9	10	11	12	1	2	3	4	5	6	7	8	9	10	11	12	1	2	3
활동 시간																								

To Do List

날짜	월 일	월 화 수 목 금 토 일	기상 시간	시 분	취침 시간	시 분

목표 / 다짐	자투리 시간	REMINDER

메모

주어진 시간	4	5	6	7	8	9	10	11	12	1	2	3	4	5	6	7	8	9	10	11	12	1	2	3
활동 시간																								

To Do List

날짜	월	일	월	화	수	목	금	토	일	기상 시간		시	분	취침 시간		시	분

목표 / 다짐	자투리 시간	REMINDER

메모

주어진 시간	4	5	6	7	8	9	10	11	12	1	2	3	4	5	6	7	8	9	10	11	12	1	2	3
활동 시간																								

To Do List

날짜	월	일	월 화 수 목 금 토 일	기상 시간	시 분	취침 시간	시 분

목표 / 다짐	자투리 시간	REMINDER

메모

주어진 시간	4	5	6	7	8	9	10	11	12	1	2	3	4	5	6	7	8	9	10	11	12	1	2	3
활동 시간																								

To Do List	

날짜	월 일	월 화 수 목 금 토 일	기상 시간	시 분	취침 시간	시 분

목표 / 다짐	자투리 시간	REMINDER

메모

주어진 시간	4	5	6	7	8	9	10	11	12	1	2	3	4	5	6	7	8	9	10	11	12	1	2	3
활동 시간																								

To Do List

날짜		월	일	월	화	수	목	금	토	일	기상 시간			시	분	취침 시간			시	분

목표 / 다짐	자투리 시간	REMINDER

메모

주어진 시간	4	5	6	7	8	9	10	11	12	1	2	3	4	5	6	7	8	9	10	11	12	1	2	3
활동 시간																								

To Do List

날짜		월		일	월	화	수	목	금	토	일	기상 시간			시		분	취침 시간			시		분

목표 / 다짐	자투리 시간	REMINDER

메모

주어진 시간	4	5	6	7	8	9	10	11	12	1	2	3	4	5	6	7	8	9	10	11	12	1	2	3
활동 시간																								

To Do List

| 날짜 | 월 | 일 | 월 | 화 | 수 | 목 | 금 | 토 | 일 | 기상 시간 | | 시 | 분 | 취침 시간 | | 시 | 분 |

목표 / 다짐	자투리 시간	REMINDER

메모

주어진 시간	4	5	6	7	8	9	10	11	12	1	2	3	4	5	6	7	8	9	10	11	12	1	2	3
활동 시간																								

To
Do
List

날짜	월 일	월 화 수 목 금 토 일	기상 시간	시 분	취침 시간	시 분

목표 / 다짐	자투리 시간	REMINDER

메모

주어진 시간	4	5	6	7	8	9	10	11	12	1	2	3	4	5	6	7	8	9	10	11	12	1	2	3
활동 시간																								

To Do List

날짜		월	일	월	화	수	목	금	토	일	기상 시간			시	분		취침 시간			시	분

목표 / 다짐	자투리 시간	REMINDER

메모

주어진 시간	4	5	6	7	8	9	10	11	12	1	2	3	4	5	6	7	8	9	10	11	12	1	2	3
활동 시간																								

To Do List

날짜	월	일	월	화	수	목	금	토	일	기상 시간		시	분	취침 시간		시	분

목표 / 다짐	자투리 시간	REMINDER

메모

주어진 시간	4	5	6	7	8	9	10	11	12	1	2	3	4	5	6	7	8	9	10	11	12	1	2	3
활동 시간																								

To Do List

날짜	월	일	월 화 수 목 금 토 일	기상 시간	시 분	취침 시간	시 분

목표 / 다짐	자투리 시간	REMINDER

메모

주어진 시간	4	5	6	7	8	9	10	11	12	1	2	3	4	5	6	7	8	9	10	11	12	1	2	3
활동 시간																								

To Do List	

날짜		월		일		월	화	수	목	금	토	일	기상 시간			시	분	취침 시간			시	분

목표 / 다짐

자투리 시간

REMINDER

메모

주어진 시간	4	5	6	7	8	9	10	11	12	1	2	3	4	5	6	7	8	9	10	11	12	1	2	3
활동 시간																								

To Do List

날짜		월		일	월	화	수	목	금	토	일	기상 시간			시		분	취침 시간			시		분

목표 / 다짐	자투리 시간	REMINDER

메모

주어진 시간	4	5	6	7	8	9	10	11	12	1	2	3	4	5	6	7	8	9	10	11	12	1	2	3
활동 시간																								

To Do List

| 날짜 | | 월 | | 일 | 월 | 화 | 수 | 목 | 금 | 토 | 일 | 기상 시간 | | | 시 | | 분 | 취침 시간 | | | | 시 | | 분 |

목표 / 다짐	자투리 시간	REMINDER

메모

주어진 시간	4	5	6	7	8	9	10	11	12	1	2	3	4	5	6	7	8	9	10	11	12	1	2	3
활동 시간																								

To
Do
List

날짜	월 일	월 화 수 목 금 토 일	기상 시간	시 분	취침 시간	시 분

목표 / 다짐	자투리 시간	REMINDER

메모

주어진 시간	4	5	6	7	8	9	10	11	12	1	2	3	4	5	6	7	8	9	10	11	12	1	2	3
활동 시간																								

To Do List

날짜		월	일	월	화	수	목	금	토	일	기상 시간		시	분	취침 시간		시	분

목표 / 다짐	자투리 시간	REMINDER

메모

주어진 시간	4	5	6	7	8	9	10	11	12	1	2	3	4	5	6	7	8	9	10	11	12	1	2	3
활동 시간																								

To Do List

날짜		월		일	월	화	수	목	금	토	일	기상 시간		시	분	취침 시간		시	분

목표 / 다짐	자투리 시간	REMINDER

메모

주어진 시간	4	5	6	7	8	9	10	11	12	1	2	3	4	5	6	7	8	9	10	11	12	1	2	3
활동 시간																								

To Do List

날짜	월	일	월	화	수	목	금	토	일	기상 시간		시	분	취침 시간		시	분

목표 / 다짐	자투리 시간	REMINDER

메모

주어진 시간	4	5	6	7	8	9	10	11	12	1	2	3	4	5	6	7	8	9	10	11	12	1	2	3
활동 시간																								

To Do List

날짜	월	일	월 화 수 목 금 토 일	기상 시간	시 분	취침 시간	시 분

목표 / 다짐	자투리 시간	REMINDER

메모

주어진 시간	4	5	6	7	8	9	10	11	12	1	2	3	4	5	6	7	8	9	10	11	12	1	2	3
활동 시간																								

To Do List

날짜	월	일	월	화	수	목	금	토	일	기상 시간		시	분	취침 시간		시	분

목표 / 다짐	자투리 시간	REMINDER

메모

주어진 시간	4	5	6	7	8	9	10	11	12	1	2	3	4	5	6	7	8	9	10	11	12	1	2	3
활동 시간																								

To Do List

날짜	월	일	월 화 수 목 금 토 일	기상 시간	시 분	취침 시간	시 분

목표 / 다짐	자투리 시간	REMINDER

메모

주어진 시간	4	5	6	7	8	9	10	11	12	1	2	3	4	5	6	7	8	9	10	11	12	1	2	3
활동 시간																								

To Do List

사업을 시작하고 나서부터
새벽 3시 30분에 일어나서 다시 잠들지 않게 됐다.
금융 위기 때조차도 그랬다.
다른 기업가들과 마찬가지로,
비슷한 하루가 이틀을 간 적이 없었다.

일상에서 유일하게 일관된 스케줄은 기상 시간뿐이다.
방해를 받지 않고 생각할 수 있다는 점에서
새벽은 가장 생산적인 시간이다.

_샐리 크로첵 Sallie Krawcheck , 엘레베스트 Ellevest CEO

날짜	월	일	월	화	수	목	금	토	일	기상 시간		시	분	취침 시간		시	분

목표 / 다짐	자투리 시간	REMINDER

메모

주어진 시간	4	5	6	7	8	9	10	11	12	1	2	3	4	5	6	7	8	9	10	11	12	1	2	3
활동 시간																								

To Do List

날짜	월 일	월 화 수 목 금 토 일	기상 시간	시 분	취침 시간	시 분

목표 / 다짐	자투리 시간	REMINDER

메모

주어진 시간	4	5	6	7	8	9	10	11	12	1	2	3	4	5	6	7	8	9	10	11	12	1	2	3
활동 시간																								

To Do List

날짜		월	일	월	화	수	목	금	토	일	기상 시간		시	분	취침 시간		시	분

목표 / 다짐	자투리 시간	REMINDER

메모

주어진 시간	4	5	6	7	8	9	10	11	12	1	2	3	4	5	6	7	8	9	10	11	12	1	2	3
활동 시간																								

To Do List

날짜	월	일	월	화	수	목	금	토	일	기상 시간	시	분	취침 시간	시	분

목표 / 다짐	자투리 시간	REMINDER

메모

주어진 시간	4	5	6	7	8	9	10	11	12	1	2	3	4	5	6	7	8	9	10	11	12	1	2	3
활동 시간																								

To Do List	

날짜	월	일	월 화 수 목 금 토 일	기상 시간	시 분	취침 시간	시 분

목표 / 다짐	자투리 시간	REMINDER

메모

주어진 시간	4	5	6	7	8	9	10	11	12	1	2	3	4	5	6	7	8	9	10	11	12	1	2	3
활동 시간																								

To Do List

날짜		월 일	월 화 수 목 금 토 일		기상 시간	시 분	취침 시간	시 분

목표 / 다짐	자투리 시간	REMINDER

메모

주어진 시간	4	5	6	7	8	9	10	11	12	1	2	3	4	5	6	7	8	9	10	11	12	1	2	3
활동 시간																								

To
Do
List

날짜	월	일	월 화 수 목 금 토 일	기상 시간	시 분	취침 시간	시 분

목표 / 다짐	자투리 시간	REMINDER

메모

주어진 시간	4	5	6	7	8	9	10	11	12	1	2	3	4	5	6	7	8	9	10	11	12	1	2	3
활동 시간																								

To Do List

날짜	월	일	월	화	수	목	금	토	일	기상 시간		시	분	취침 시간		시	분

목표 / 다짐	자투리 시간	REMINDER

메모

주어진 시간	4	5	6	7	8	9	10	11	12	1	2	3	4	5	6	7	8	9	10	11	12	1	2	3
활동 시간																								

To Do List

날짜	월	일	월	화	수	목	금	토	일	기상 시간		시	분	취침 시간		시	분

목표 / 다짐	자투리 시간	REMINDER

메모

주어진 시간	4	5	6	7	8	9	10	11	12	1	2	3	4	5	6	7	8	9	10	11	12	1	2	3
활동 시간																								

To Do List

| 날짜 | | 월 | | 일 | | 월 | 화 | 수 | 목 | 금 | 토 | 일 | 기상 시간 | | | 시 | | 분 | 취침 시간 | | | | 시 | | 분 |

목표 / 다짐	자투리 시간	REMINDER

메모

주어진 시간	4	5	6	7	8	9	10	11	12	1	2	3	4	5	6	7	8	9	10	11	12	1	2	3
활동 시간																								

To Do List

날짜		월		일	월	화	수	목	금	토	일	기상 시간		시	분	취침 시간		시	분

목표 / 다짐	자투리 시간	REMINDER

메모

주어진 시간	4	5	6	7	8	9	10	11	12	1	2	3	4	5	6	7	8	9	10	11	12	1	2	3
활동 시간																								

To
Do
List

날짜	월	일	월	화	수	목	금	토	일	기상 시간		시	분	취침 시간		시	분

목표 / 다짐	자투리 시간	REMINDER

메모

주어진 시간	4	5	6	7	8	9	10	11	12	1	2	3	4	5	6	7	8	9	10	11	12	1	2	3
활동 시간																								

To Do List

| 날짜 | 월 | 일 | 월 | 화 | 수 | 목 | 금 | 토 | 일 | 기상 시간 | | 시 | 분 | 취침 시간 | | 시 | 분 |

목표 / 다짐	자투리 시간	REMINDER

메모

주어진 시간	4	5	6	7	8	9	10	11	12	1	2	3	4	5	6	7	8	9	10	11	12	1	2	3
활동 시간																								

To

Do

List

| 날짜 | | 월 | 일 | 월 | 화 | 수 | 목 | 금 | 토 | 일 | 기상 시간 | | 시 | 분 | 취침 시간 | | 시 | 분 |

목표 / 다짐	자투리 시간	REMINDER

메모

주어진 시간	4	5	6	7	8	9	10	11	12	1	2	3	4	5	6	7	8	9	10	11	12	1	2	3
활동 시간																								

To

Do

List

날짜	월	일	월	화	수	목	금	토	일	기상 시간		시	분	취침 시간		시	분

목표 / 다짐	자투리 시간	REMINDER

메모

주어진 시간	4	5	6	7	8	9	10	11	12	1	2	3	4	5	6	7	8	9	10	11	12	1	2	3
활동 시간																								

To Do List

날짜		월	일	월	화	수	목	금	토	일	기상 시간			시	분	취침 시간			시	분

목표 / 다짐	자투리 시간	REMINDER

메모

주어진 시간	4	5	6	7	8	9	10	11	12	1	2	3	4	5	6	7	8	9	10	11	12	1	2	3
활동 시간																								

To Do List

| 날짜 | | 월 | | 일 | 월 | 화 | 수 | 목 | 금 | 토 | 일 | 기상 시간 | | 시 | 분 | 취침 시간 | | 시 | 분 |

목표 / 다짐	자투리 시간	REMINDER

메모

주어진 시간	4	5	6	7	8	9	10	11	12	1	2	3	4	5	6	7	8	9	10	11	12	1	2	3
활동 시간																								

To Do List

날짜	월	일	월 화 수 목 금 토 일	기상 시간	시 분	취침 시간	시 분

목표 / 다짐	자투리 시간	REMINDER

메모

주어진 시간	4	5	6	7	8	9	10	11	12	1	2	3	4	5	6	7	8	9	10	11	12	1	2	3
활동 시간																								

To Do List

날짜	월	일	월 화 수 목 금 토 일	기상 시간	시 분	취침 시간	시 분

목표 / 다짐	자투리 시간	REMINDER

메모

주어진 시간	4	5	6	7	8	9	10	11	12	1	2	3	4	5	6	7	8	9	10	11	12	1	2	3
활동 시간																								

To Do List

날짜		월		일	월	화	수	목	금	토	일	기상 시간			시	분	취침 시간			시	분

목표 / 다짐	자투리 시간	REMINDER

메모

주어진 시간	4	5	6	7	8	9	10	11	12	1	2	3	4	5	6	7	8	9	10	11	12	1	2	3
활동 시간																								

To
Do
List

날짜		월		일		월	화	수	목	금	토	일		기상 시간			시		분		취침 시간			시		분	

목표 / 다짐	자투리 시간	REMINDER

메모

주어진 시간	4	5	6	7	8	9	10	11	12	1	2	3	4	5	6	7	8	9	10	11	12	1	2	3
활동 시간																								

To Do List

날짜		월		일	월	화	수	목	금	토	일	기상 시간			시	분	취침 시간			시	분

목표 / 다짐	자투리 시간	REMINDER

메모

주어진 시간	4	5	6	7	8	9	10	11	12	1	2	3	4	5	6	7	8	9	10	11	12	1	2	3
활동 시간																								

To Do List

날짜	월	일	월	화	수	목	금	토	일	기상 시간		시	분	취침 시간		시	분

목표 / 다짐	자투리 시간	REMINDER

메모

주어진 시간	4	5	6	7	8	9	10	11	12	1	2	3	4	5	6	7	8	9	10	11	12	1	2	3
활동 시간																								

To Do List

날짜	월	일	월	화	수	목	금	토	일	기상 시간		시	분	취침 시간		시	분

목표 / 다짐	자투리 시간	REMINDER

메모

주어진 시간	4	5	6	7	8	9	10	11	12	1	2	3	4	5	6	7	8	9	10	11	12	1	2	3
활동 시간																								

To Do List

| 날짜 | | 월 | 일 | 월 | 화 | 수 | 목 | 금 | 토 | 일 | 기상 시간 | | | 시 | | 분 | 취침 시간 | | | 시 | | 분 |

목표 / 다짐	자투리 시간	REMINDER

메모

주어진 시간	4	5	6	7	8	9	10	11	12	1	2	3	4	5	6	7	8	9	10	11	12	1	2	3
활동 시간																								

To Do List

날짜		월	일	월	화	수	목	금	토	일	기상 시간			시	분	취침 시간				시	분

목표 / 다짐	자투리 시간	REMINDER

메모

주어진 시간	4	5	6	7	8	9	10	11	12	1	2	3	4	5	6	7	8	9	10	11	12	1	2	3
활동 시간																								

To Do List

날짜	월 일	월 화 수 목 금 토 일	기상 시간	시 분	취침 시간	시 분

목표 / 다짐	자투리 시간	REMINDER

메모

주어진 시간	4	5	6	7	8	9	10	11	12	1	2	3	4	5	6	7	8	9	10	11	12	1	2	3
활동 시간																								

To Do List

날짜	월	일	월	화	수	목	금	토	일	기상 시간		시 분	취침 시간		시 분

목표 / 다짐	자투리 시간	REMINDER

메모

주어진 시간	4	5	6	7	8	9	10	11	12	1	2	3	4	5	6	7	8	9	10	11	12	1	2	3
활동 시간																								

To Do List

날짜		월		일	월	화	수	목	금	토	일	기상 시간			시	분	취침 시간			시	분

목표 / 다짐	자투리 시간	REMINDER

메모

주어진 시간	4	5	6	7	8	9	10	11	12	1	2	3	4	5	6	7	8	9	10	11	12	1	2	3
활동 시간																								

To Do List

날짜	월	일	월	화	수	목	금	토	일	기상 시간		시	분	취침 시간		시	분

목표 / 다짐	자투리 시간	REMINDER

메모

주어진 시간	4	5	6	7	8	9	10	11	12	1	2	3	4	5	6	7	8	9	10	11	12	1	2	3
활동 시간																								

To Do List

날짜		월	일	월	화	수	목	금	토	일	기상 시간			시		분	취침 시간				시		분

목표 / 다짐	자투리 시간	REMINDER

메모

주어진 시간	4	5	6	7	8	9	10	11	12	1	2	3	4	5	6	7	8	9	10	11	12	1	2	3
활동 시간																								

To Do List

CHAPTER 8.
좋아하는 일도, 하고 싶은 일도 없을 때

자신만의 목표를 달성하기 위해 고군분투하는 사람들은 주변 사람들에게 두 가지 말을 듣는다. '너무 열심히 하지 말고 대충 해라'라는 말과 '포기하지 말고 끝까지 도전하라'라는 말이다. 나의 경험상 전자는 주로 자신의 현실에 안주하는 사람들이 하는 말이고 후자는 주로 노력해 꿈꿔온 삶을 살고 있는 사람들이 하는 말이다.

성공한 사람들은 인생의 목표를 달성하려면 일단 도전해야 한다는 사실을 잘 알고 있다. 아무리 좋은 자동차도 시동이 걸려야 달릴 수 있듯이 우리도 앞으로 나아가려면 어떤 일이든 시작을 해야 한다. 자기계발을 하고 싶지만 무엇을 시작해야 할지 막막하다면 이 방법을 써보는 것은 어떨까?

1. 한 번도 해보지 않은 일에 도전하기

잘해보고 싶다는 의지와 무관하게 가볍게 시도한 일이 예상 외로 큰 재미와 성과를 가져다줄 때가 종종 있다. 만약 지금 딱히 하고 싶은 게 없다면 자신의 스케줄을 고려해 무리가 가지 않는 선에서 관심 없었던 일을 시도해보는 것을 추천한다. 좋아하는 일과 하고 싶은 일은 자연스럽게 정해지는 것이 아니라 만들어나가는 것이다. 평소 운동을 하지 않는다면 운동을 시작해보고, 책을 읽지 않는다면 책을 읽어보자. 지루한 일상에 변화라는 씨앗을 심으면 새로운 기회가 자라날 것이다. 큰돈을 투자하지 않아도, 거창한 목표를 이루지 않아도 괜찮다.

2. 평소 관심 있었던 분야의 취미 만들기

본인이 평소 관심을 가져온 분야에서 취미를 만들어보자. 작은 관심이 애정을 만들고 스스로도 예상치 못한 잠재력을 발휘하는 순간이 올 것이다. 음악을 듣는 것을 좋아하면 악기를 배워보거나 예쁜 그림을 보는 것을 좋아하면 사진을 찍어보자. 이런 식으로 조금씩 삶에 시동을 걸다 보면 어느 순간 또 다른 목표가 생기고 새로운 아이디어가 떠오르면서 의욕이 생길 것이다.

3. 잘 못하는 일을 시작해보기

자기계발은 자신이 잘하는 것을 발전시키는 것이 아니라 스스로 부족하다고 느끼는 부분을 채우는 것이다. 나의 부족한 점을 찾아 인정하고 보충해나가면 잘하는 일을 더욱 잘할 때보다 더 큰 성취감을 얻을 수 있다. '나는 잘하는 게 없는데…'라는 생각이 든다면, 이번 기회에 용기를 내어 평소 자신이 못하는 것이 무엇인지 생각해보고 그 일에 도전하는 것은 어떨까? 재능이 없다고 느끼는 일을 시작하는 과정이 쉽지는 않겠지만 실제로 시도해보면 생각이 달라질 것이다.

CHAPTER 9.
올해 읽은 책

No.	책 제목	저자	날짜	평가 / 후기

No.	책 제목	저자	날짜	평가 / 후기

일어나라, 삶이 바뀐다
0430 TIME TO PLAN

1판 1쇄 인쇄 2020년 11월 15일
1판 1쇄 발행 2020년 11월 30일

지은이 김유진 발행인 오영진 김진갑 발행처 토네이도
책임편집 진송이 기획편집 이다회 박수진 박은화 허재회
디자인팀 안윤민 김현주 표지 및 본문 디자인 유니드
마케팅 박시현 신하은 박준서 김예은 경영지원 이혜선

출판등록 2006년 1월 11일 제313-2006-15호
주소 서울시 마포구 월드컵북로5가길 12 서교빌딩 2층
전화 02-332-3310 팩스 02-332-7741
블로그 blog.naver.com/midnightbookstore
페이스북 www.facebook.com/tornadobook

ISBN 979-11-5851-195-1 00190

이 도서의 국립중앙도서관 출판예정도서목록(CIP)은 서지정보유통지원시스템 홈페이
지(http://seoji.nl.go.kr)와 국가자료공동목록시스템(http://kolis-net.nl.go.kr)에서
이용하실 수 있습니다. (CIP제어번호: CIP2020043438)

지은이 김유진

변호사이자 새벽 기상의 힘을 전파하는 파워 인플루언서.
미국 미시간주립대학교에서 학사 학위를 취득하고 에모리
대학교 로스쿨을 졸업했다. 미국 조지아주, 뉴욕주 총 2개
주에서 한 해에 변호사 자격증을 취득했고 현재는 국내 모
대기업에서 사내 변호사로 활동 중이다.
사람들은 수년간 새벽 4시 30분 기상을 실천해온 그에게
'왜 그렇게 쓸데없이 열심히 사느냐'고 핀잔을 준다. 그런
사람들에게 그는 일부러 열심히 산 게 아니라, 자신에게 주
어진 하루 24시간을 조금 더 알뜰하게 사용하고 싶을 뿐이
라고 답한다. 이 플래너 역시 어떻게 하면 시간을 더 효율
적으로 사용할 수 있을지 고민한 끝에 김유진 변호사가 직
접 고안한 결과물이다. 처음 치른 변호사 시험에서 낙방하
고 재도전할 때 시간 계획표를 통해 법원 근무와 수험생활
을 동시에 해낼 수 있었고, 최근에는 직장생활을 하면서도
틈새 시간을 활용해 플래너 디자인의 특허까지 취득했다.
인생을 바꾸는 아침의 기적을 믿는 그는 오늘도 새벽 일찍
일어나 자격증 취득, 유튜브 채널 운영, 대학원 진학 등 새
로운 도전을 계속하고 있다. 저서로는 베스트셀러 《나의
하루는 4시 30분에 시작된다》가 있다.

00190

값 20,000원
ISBN 979-11-5851-195-1
9 791158 511951